괜찮아, 지금도 충분해

위로와 격려가 필요한 이들에게

(주)죠이북스는 그리스도를 대신한 사신으로
문서를 통한 지상 명령 성취와 하나님 나라 확장을 위해 노력합니다.

괜찮아, 지금도 충분해
ⓒ 2025 조철민

이 책의 저작권은 저자와 (주)죠이북스에 있습니다. 신 저작권법에 의하여 한국 내에서 보호받는 저작물이므로 무단 전재와 무단 복제를 금합니다.

위로와 격려가 필요한 이들에게

괜찮아,
지금도 충분해

조철민 지음

죠이북스

목차

추천사　6
프롤로그　수고하고 있을 당신에게　18

1부　괜찮아, 정말 잘하고 있어

1. 난 외롭지 않아　25
2. 그렇게 오늘을 산다　31
3. 이 길이 가장 안전해　37
4. 전쟁은 내 영역이 아니야　43
5. 가만히 서서 기대하며 기도해 봐　49
6. 함께 버티는 것보다 더 큰 은혜는 없어　56
7. 너는 우리의 자랑이란다　62
8. 하나님의 평강이 너를 지키실 거야　69

2부　상상해, 너무 멋지지 않니?

9. 그리스도의 편지임을 기억해　77
10. 나의 사랑하는 자여, 함께 가자　84
11. 너는 내 소유, 거룩한 존재란다　91
12. 네 영혼이 강건하기를 기도해　97
13. 내가 상속자라니　103
14. 너는 하늘의 뭇별과도 같은 존재란다　109
15. 우리는 하늘의 시민권을 가졌어　116
16. 하나님이 나를 기억하신다　122

3부 힘내, 지금이 기회야

- 17. 낙심이 아닌 소망을 품다 … 131
- 18. 빈 그물을 씻는 순간, 채움의 역사가 시작된다 … 137
- 19. 영혼의 갈증을 끝내고 해갈의 기쁨을 누리다 … 143
- 20. 마음의 소원이 끊어졌다고 느낄 때가 시작이다 … 149
- 21. 소망은 세상에 두는 것이 아닌 하나님께 두는 것이다 … 156
- 22. 부르짖는 자는 결국 항구에 다다르게 된다 … 162
- 23. 뒷동산의 나무를 가지고서라도 지금 재건해야 한다 … 168
- 24. 믿음은 두려움을 이긴다 … 174

4부 결승점이 보이니? 얼마 안 남았어

- 25. 우리는 성공이 아닌 승리를 위해 달음질해야 한다 … 183
- 26. 믿음으로 내딛는 걸음 속에서 발견하는 은혜가 있다 … 189
- 27. 나의 간절한 기대와 소망을 따라 … 195
- 28. 익숙함보다 강한 무기는 없다 … 201
- 29. 동행은 놀라운 일임과 동시에 위대한 일이다 … 207
- 30. 창조주를 기억하는 인생 가운데 희망이 있다 … 213
- 31. 여호와를 섬기는 것보다 축복된 시간은 없다 … 220
- 32. 처음과 마지막을 아는 이의 삶은 위대하다 … 226

5부 수고했다, 잘했어!

- 33. 진정한 쉼은 주님께로 돌아가야 누린다 … 235
- 34. 눈물의 가치를 아는 자가 기쁨의 가치도 안다 … 241
- 35. 웅덩이와 수렁은 함정이 아닌 골방이다 … 247
- 36. 성장통은 반드시 성장으로 이어진다 … 253
- 37. 영혼에 대한 감정은 곱하기다 … 259
- 38. 물 댄 동산인 당신 곁에서 생명의 역사는 일어난다 … 265
- 39. 함께 지어져 가는 훈련 속에서 따뜻한 공간이 마련된다 … 271
- 40. 괜찮다, 지금도 충분하다 … 278

에필로그 당신은 하나님의 사람입니다 285

추천사

주님 안에서 동역해 온 조철민 목사님의 「괜찮아, 지금도 충분해」 출간을 진심으로 축하드립니다. 조철민 목사님은 사랑의교회 제자훈련 사역과 국제제자훈련원, 교육부서에서 다년간 수고하며 열정을 보여준 귀한 목회자입니다. 이 책에는 조 목사님의 진심 어린 섬김과 십자가 복음의 은혜에 대한 깊은 고백이 곳곳에 담겨 있습니다.

우리는 종종 온전함을 '완전무결함'으로 착각하고, 자신의 부족함에 실망하곤 합니다. 그러나 이 책은 하나님께서 우리의 연약함마저 긍휼로 품으시고 은혜로 덮으신다는 깊은 통찰을 전합니다. "지금 이 모습 그대로도 괜찮다"는 이 책의 고백은, 성과와 비교에 지쳐 있는 이들에게 복음의 자유와 위로를 선물합니다.

진솔한 삶의 이야기로 풀어낸 온전함에 대한 성찰은, 오늘날의 성도들에게 참된 은혜가 무엇인지를 다시 묻게 하고, 하나님의 시선 안에서 자신을 돌아보게 합니다. 이 책의 말씀들이 당신의 지친 심령을 어루만지고 교회를 더욱 사랑하게 하기를 바라며, 기쁨으로 추천합니다.

오정현 사랑의교회 담임목사

삶의 모진 풍파 속에서 우리는 때로 길을 잃고 헤매기도 합니다. 자신을 향한 의심과 좌절의 무게에 짓눌려 숨쉬기조차 버거운 순간을 마주하기도 합니다. 이때 우리에게 필요한 것은 세상의 헛된 위로가 아니라, 영혼의 깊은 갈증을 해소해 줄 생명력 있는 말씀의 샘물입니다.

오랜 시간 '말씀 묵상' 사역에 헌신해 온 조철민 목사님의 「괜찮아, 지금도 충분해」는 바로 그러한 영적 갈급함을 채워 주는 귀한 선물과 같습니다. 이 책은 우리를 향한 하나님의 변함없는 사랑과 은혜를 깊이 성찰하도록 이끌어 줍니다.

특히 이 책은 우리가 완벽하지 않아도 괜찮다고 말해 줍니다. 하나님께서는 우리의 연약함과 부족함까지 사랑하시며, 지금 그 모습 그대로도 충분히 귀한 하나님의 자녀라고 말씀하십니다. 이러한 진리는 지치고 상처받은 영혼에 큰 위로와 회복을 가져다줄 것입니다.

이 책을 통해 많은 분들이 불안과 염려를 내려놓고, 하나님의 사랑 안에서 참된 평안을 누리며 믿음의 길을 견고히 걸어가기를 기도합니다. 이 책이 하나님의 은혜를 갈망하는 모든 이들의 삶에 따뜻한 동반자가 되어 줄 것이라 확신하며 기쁜 마음으로 추천합니다.

박성규 총신대학교 총장

내가 사랑하고 아끼는 제자요 동역자인 조철민 목사님의 「괜찮아, 지금도 충분해」를 추천하게 되어 그 기쁨과 자랑스러움을 감출 수가 없습니다. 책을 펼치는 순간, 문장마다 차분하면서도 확신 있게 들려주는 저자의 음성을 듣는 듯합니다. 그 음성을 통해 우리는 우리를 향해 따스한 눈빛으로 다가오시는 하나님의 사랑을 깨닫습니다.

사람들마다 가지는 한가지 마음이 있다면 '지금의 나로는 부족하다'는 생각일 것입니다. 뭔가 더 나아져야 하고, 더 성취해야 하고, 더 인정받아야 한다는 생각을 합니다. 저자는 이런 마음을 가진 사람들 곁에 조용히 앉아 그들의 어깨를 다독이며 말합니다. "괜찮아, 지금도 충분해." 참 분주하고 피곤한 시대의 목마름 앞에 저자의 따뜻하고도 묵직한 위로의 목소리는 마치 밤이 새도록 한 마리의 물고기도 잡지 못한 채 지쳐 있는 제자들을 찾아온 예수님의 포근한 손길로 다가옵니다. "괜찮아, 와서 함께 밥 먹자."

이 책은 근거 없이 긍정의 힘을 강조하는 심리적 위로나 자기 계발적 촉구가 아닙니다. 하나님의 말씀에 뿌리내린 시각과 저자 자신의 진심을 담은 고백적 성찰이 들어 있기에 문장마다 상처 입은 사람의 내면을 어루만지는 힘이 있습니다. 어른 세대뿐 아니라 특히 자라나는 청소년과 청년들에게 이 한 권의 책은 거울 속 자신의 모습에 대한 소중함을 일깨워 줄 것이며, 아름다운 삶의 길잡이가 될 것입니다. 그것이 바로 주님께서 이 책을 통해 주시는 가장 큰 선물이 될 것입니다.

류응렬 와싱톤중앙장로교회 담임목사, 고든콘웰신학대학원 객원교수

"지금 위로가 필요한 사람들에게 주는 한 잔의 커피 같은 책"

조철민 목사님의 신간 「괜찮아, 지금도 충분해」를 읽고 가장 먼저 떠오른 생각입니다. 조 목사님과는 지난 20여 년간 짧은 만남이 계속 이어졌습니다. 국제제자훈련원, 칼넷, 그리고 박사과정에서 나눈 이야기들은 늘 그의 행보에 관심을 기울이게 했습니다. 미국에서 돌아와 광교에서 교회 개척을 한다는 소식을 들었을 때, '하나님께서 이 시대에 꼭 필요한 한 사람의 목회자를 준비하셨구나!'라고 생각했습니다. 나는 '한 권의 책을 낸다는 것은 그 사람의 인생이 전부 담기는 것'이라고 생각합니다.

이 책은 저자가 왜 교회를 시작하고, 앞으로 어떤 목회를 펼쳐 나갈 것인가에 대한 모든 해답을 담고 있습니다. 그래서 미소가 지어졌습니다. '아! 너무도 외롭고 아픈 시대에 주님께서 참 따뜻한 교회를 준비하셨구나'라고 생각했습니다. 이 책을 읽기만 해도 문제를 가지고 아파하는 사람들에게는 가장 좋은 선물이 될 것입니다. 특히 5부의 "성장통은 반드시 성장으로 이어진다"는 글은 내게도 적잖은 위로와 격려가 되었습니다. 분명 이 책을 한번 읽은 사람이라면 또 다른 사람들에게 "내가 도움을 받은 책이야" 하고 선물할 것입니다. 새롭게 세워질 사랑의샘물교회의 출발을 축복하며 한 잔의 커피 같은 이 책을 기쁘게 추천합니다.

임종구 푸른초장교회 담임목사

나는 조철민 목사님의 설교를 좋아합니다. 그의 목소리에는 힘이 있고, 말씀에는 위로가 있으며, 그는 내가 못 본 것을 보게 합니다. 나는 조철민 목사님의 글을 좋아합니다. 그가 쓴 문장에는 내가 듣고 싶은 말이 있어 나의 정체성을 회복시키고 나의 시선을 새롭게 합니다.

파도가 없는 인생은 없습니다. 문제는 나의 반응입니다. 파도에 발이 묶일 것인가, 아니면 파도를 타고 넘을 것인가를 고민하는 사람에게 이 책은 파도를 타고 넘을 용기를 줍니다.

포르투갈 포르투에서 일몰을 보면서 신비한 것을 발견했습니다. 해가 졌다고 바로 캄캄해지지 않고 노을빛과 함께 떠오른 달빛이 세상을 더 아름답게 만들었습니다. 바로 이 책을 읽는 독자는 어스름한 세상을 비추는 달빛의 아름다움을 느낄 수 있을 것입니다.

공교롭게도 이 책을 읽는 지금, 나는 30년 직장 생활을 마치고 막 광야로 나왔습니다. 낯선 세상에서 어떻게 살아야 할지 조금은 막막했는데, 이 책이 내게 당당하게 세상을 살아갈 정체성을 찾아 주었습니다. 각자 하고 싶은 말이 넘치는 이 세상에서, 이 책은 누구나 듣고 싶어 하는 바로 그 말을 직접 속삭입니다.

"괜찮아요, 지금도 충분해요."

내게 참 위로와 따뜻함을 준 이 책을 여러분과 함께 나누고 싶습니다.

김재원 작가, KBS 21기 공채 아나운서

선배 같은 후배가 몇 명 있습니다. 그들 중 한 명이 '파워보이스' 조철민 목사님의 사모 신현주 교수입니다. 신현주 교수의 남편 조철민 목사님이 올해 교회를 개척한다는 소식을 들었을 때, 걱정보다는 '참 잘하실 것 같다'는 생각이 먼저 들었습니다. 하나님께서 계획하신 일을 온전히 실행하려는 그 부부의 마음을 잘 알기에, 그들의 새로운 시작을 누구보다 응원하고 싶었습니다.

나는 병원에서 다양한 직종의 사람들을 만납니다. 생명과 직결된 일을 하는 병원의 특성상, 결과로 평가받는 일이 많아 상처받고 좌절을 경험하는 직원도 있습니다. 그들에게 "잘했다, 충분하다, 그럴 자격이 있다"와 같은 칭찬을 충분히 해주지 못한 것에 미안한 마음이 늘 있었는데, 조철민 목사님의 책을 읽으면서 큰 위로를 받았습니다.

특히 타인의 칭찬이나 인정을 갈구하는 요즘 사회에서, 하나님께서 우리의 노력을 다 아시고 칭찬하시며 보살펴 주신다는 말씀은 깊은 울림을 줍니다. 예수님의 사랑이 샘물처럼 흘러넘치기를 소망하는 '사랑의샘물교회'의 마음처럼, 이 책을 읽는 모든 분들이 따뜻한 위로의 메시지를 경험하시기를 소망합니다.

김은경 용인세브란스병원장

선생과 제자의 관계로 수년 동안 조철민 목사님을 만났습니다. 나는 조철민 목사님이 교회 개척이라는 척박한 길을 택할 때 모든 과정을 옆에서 보았습니다. 젊은 목사가 매사를 남다르게 생각하고 고뇌한 후 결정하는 것을 보면서, 그가 정말로 하나님을 사랑한다고 느꼈습니다. 그런 그가 교회 개척과 맞물려 그토록 고민하면서 여문 생각을 책으로 출판하겠다고 했을 때 기대가 무척 컸습니다. 아니나 다를까 그는 기대를 저버리지 않았습니다.

이 책은 현대의 그리스도인들에게, 특별히 젊은 그리스도인들에게 주는 메시지입니다. 차분하면서도 부드럽고 날카로우면서도 어렵지 않은 글 솜씨를 통해, 이 시대 속에서 고민하는 평범한 그리스도인들에게 소박한 메시지를 전달합니다. 이 책은 그리스도인들이 세상 속에서 부딪치는 각종 이슈와 관련하여 하나님 중심적 대안들을 제시합니다. 혼란한 세상 가운데 그리스도인이 어떤 정체성과 기준으로 살아야 하는지를 제시하는 금과옥조(金科玉條)입니다. 고민의 흔적들을 가진 그리스도인이라면 한 번쯤 필독하고 저자의 도전 앞에 깊이 묵상하기를 소망합니다.

양현표 총신대학교 신학대학원 실천신학 교수

조철민 목사님의 「괜찮아, 지금도 충분해」 출간을 축하합니다. 저자는 총신대학교 신학대학원에서 제 수업을 들은 제자이며, 이제는 많은 사역의 경험을 바탕으로 귀한 하나님 나라를 세워 나가는 멋진 동역자입니다. 그는 제자훈련의 경험, 성도들을 향한 목회자의 마음, 일상을 꿰뚫어 보는 신앙의 통찰력을 모두 갖추고 있는데, 그러한 신앙의 실력이 이 책에 그대로 담겨 있습니다.

성경이 말씀하는 위로와 격려를 다양한 본문과 주제로 쉽고도 알차게 풀어낸 이 책을 차분히 음미하며 읽어 내려 갈 때, 하나님의 위로와 격려를 일상의 언어로 접할 수 있을 것입니다. 또한 각 주제마다 생각할 질문들을 넣어 두었기에, 개인 혹은 그룹이 함께 묵상하고 나눔을 진행하기에 적합합니다.

수많은 일상의 일들로 분주한 가운데 상처와 어려움으로 고민하며 살아가는 현대의 그리스도인들에게 꼭 필요한 메시지로 채워진 이 책을 진심을 담아 추천합니다.

김희석 총신대학교 신학과 구약학 교수

이 책은 상처받고 지친 마음에 진심 어린 위로를 전합니다. 「괜찮아, 지금도 충분해」는 불안과 압박 속에서 살아가는 우리에게 전하는 하나님의 숨결입니다. "지금도 충분해요, 할 수 있는 만큼만 하세요!" 이 고백은 우리 삶을 잘 아시고 우리 내면을 어루만지시는 주님의 음성으로 들립니다.

한 영혼을 소중히 여기며 개척을 시작한 조철민 목사님은 외로움, 불안, 실패감, 자기비하와 씨름하는 이들에게 성경 말씀과 삶의 체험을 엮어서 '참된 안식과 회복'으로 나아가는 믿음의 여정을 안내합니다. 한 문장 한 문장마다 기도와 눈물, 그리고 목자의 진심이 담겨 있어 읽는 이의 마음을 울리고 삶을 일으킵니다.

삶의 무게에 눌리고 지친 당신에게 이 책을 추천합니다. 오늘 눈물로 견뎌낸 하루를 "괜찮다"고 품어 주고, 낙심한 마음에 소망을 줄 것입니다. 에둘러대는 복잡한 말이 아니라, 단순하지만 적절한 말을 건네는 친구가 되어 줄 것입니다. 불안의 시대를 살아가는 우리에게 이 책은 말합니다. "괜찮아, 지금도 충분해."

김대혁   총신대학교 신학대학원 실천신학 교수

"있는 그대로의 당신으로도, 이미 충분하다."
"지금 이 순간의 당신을 하나님은 사랑하고 계신다."

저자는 따뜻한 문장 하나하나에 자신을 꾹꾹 눌러 담았습니다. 삶의 상처를 지나온 이의 진심 어린 목소리로 건네는 위로의 언어들이 이 책 곳곳에 숨 쉬고 있습니다. 어느 페이지를 펼쳐도 마치 오랜 친구가 조용히 손을 잡아 주는 듯한 감동이 전해집니다.

이 책은 단순한 '자기 위로'의 책이 아닙니다. 이 책은 연약함 속에서 길어 올린 용기의 노래이며, 무너지지 않기 위해 하루하루를 버티며 지나온 이의 간절한 기도입니다. 그러므로 이 책은 마음의 무게가 버거워 깊은 숨을 몰아쉬는 이들에게, 세상이 던진 기준 앞에서 자꾸만 작아지는 이들에게, 그리고 '있는 그대로의 나'를 부끄러워하며 고개를 들지 못하는 이들에게, 진실 하나를 다시 가르쳐 줄 것입니다. "당신은 지금도 충분히 괜찮은 사람입니다."

이 책을 집어 드는 모든 이에게, 하나님의 따뜻한 위로와 회복이 깊이 스며들기를 진심으로 기도하며 추천합니다.

강명옥 국제제자훈련원 부원장

처음 조철민 목사님을 만난 날을 기억합니다. 나와는 다른 길을 걷고 있다고 생각했던 그가 수업을 마치자마자 다가와서 말을 걸었습니다. '왜 나 같은 개척교회 목사한테 말을 걸지?'라고 생각했습니다. 그러나 금방 나를 인정해 주는 몇 마디 말에 마음이 활짝 열려 교제하다 보니, 지금 함께 교회 개척의 길을 가는 사이가 되었습니다.

저자는 남들이 부러워할 만한 길을 충분히 갈 수 있었음에도 교회 개척이라는 좁고 협착한 길을 택했습니다. 정작 내가 개척하라고 부추겼지만, 정말 개척한다고 하니 솔직히 조금 놀랐습니다. 그런데 이 책을 보니 충분히 이해가 되었습니다. 저자 스스로 지금까지 주신 은혜에 만족하며, 부족한 모습에도 괜찮다고 격려할 줄 아는, 내면이 단단한 사람이었기 때문입니다.

성공주의로 만연한 시대에 하나님의 은혜도 자기 힘으로 이뤄보려는 이들에게, 이 책은 성공(成功)이 아닌 성장(成長)의 중요성을 말하며, 하나님의 주권 역사 속에서 어떻게 살아야 할지를 말해 줍니다. 혹시 열심히 살지만 뭔가 부족하다고 느끼는 분이라면, 저자가 행했던 열심에 대한 공감과 하나님께서 저자에게 부어 주신 위로를 함께 느껴 보시길 소망합니다.

이용호 은계나눔교회 담임목사

"괜찮아, 지금도 충분해"라는 말은 우리 사회에서 쉽게 꺼내기 어려운 말이 되었습니다. 심지어 교회 안에서도 누군가 지쳐 있을 때 "지금도 괜찮아요, 충분히 잘하고 있어요"보다 "아니에요, 더 잘할 수 있어요. 더 열심히 해봐요"라는 말이 더 익숙합니다. 이런 현실에서 조철민 목사님의 「괜찮아, 지금도 충분해」는 제목만으로도 위로를 주는 책입니다. 어쩌면 이 말은 저자가 자신에게 가장 먼저 들려주고 싶은 말인지도 모르겠습니다.

조철민 목사님은 내가 신학대학원에 입학하던 시절부터 지금까지, 15년 넘게 삶과 신앙을 함께 해온 동역자입니다. 지난 시간 동안 곁에서 지켜본 조 목사님은 누구보다 성실하고 치열하게 살았습니다. 때로는 냉철한 이성으로 무장한 사람처럼 보일 때도 있었지만, 지친 영혼을 어루만지는 따뜻한 언어는 잃지 않았습니다.

이 책은 바쁘고 치열하게 살아가는 이 시대 그리스도인들에게 잠시 숨을 고를 수 있는 쉼을 선물합니다. 이 책의 마지막 장을 덮고 나면, 문득 가까이에서 삶에 지쳐 있는 한 사람이 떠오를 것입니다.

유근영 대청글로벌미션센터장

프롤로그

수고하고 있을 당신에게

'나에게 조금만 더 시간이 있었으면……'
'내가 조금 더 노력했다면……'

입시를 앞둔 수험생, 취업을 앞둔 취업준비생, 건강하지 않은 자녀를 둔 부모, 생사의 기로에 있는 사람 등 하루를 버티는 것이 어려운 사람들이 주변에 많다. 지금도 골방에서, 독서실에서, 카페에서, 도서관에서, 병원에서, 삶의 현장과 터전에서 수없이 아쉬운 말을 되뇌며 힘든 나날을 보내는 분들이 있다.

그렇다고 그분들이 열심히 살지 않았던 것도 아니다. 누구보다 최선을 다해 살았다. 자신을 위해, 가족을 위해, 누군가를 위해 전심을 다해 살았다. 하지만 결과가 좋지 않다 보니 힘은 떨어지고, 자포자기하는 심정이 된 것이다. 이런 분들에게 꼭 드리고 싶은 말이 있다.

"지금도 충분해요. 할 수 있는 만큼만 하세요."

이 말은 내가 아내에게 자주 들었던 말이고, 사실 주변 분들에게도 자주 드렸던 말이다. 아등바등 살았던 내가 이 말을 듣는 순간 많은 것을 내려놓게 되었다. 또한 누군가 아등바등 살고 있을 때, 그의 짐을 가볍게 해주고 싶어서 한 말이기도 하다.

사실 이 땅의 많은 사람들은 위로와 격려를 원하고 사랑을 갈망한다. 〈당신은 사랑받기 위해 태어난 사람〉이라는 곡이 기독교인들을 넘어 대중적으로 사랑받았던 이유도 그런 이유 때문이 아닐까. 자신에게 위로의 말을 해주는 것을 기분 나빠 할 사람은 없다. 문제는 위로의 말을 나눌 마음의 공간이 없기에, 삶의 자리가 팍팍하게 돌아가는 것처럼 느껴질 뿐이다.

하지만 우리는 충분히 노력했고, 지금도 최선을 다하고 있다. 만일 자신의 최선이 부족하다고 느낀다면, 그것 또한 최선을 다하고 있는 모습 중 하나다. 지금은 무엇인가 하지 않아서 힘든 것이 아니라, 버텨야 할 시기를 보내고 있을 뿐이다.

> 하나님이 모든 것을 지으시되 때를 따라 아름답게 하셨고 또 사람들에게는 영원을 사모하는 마음을 주셨느니라 그러나 하나님이 하시는 일의 시종을 사람으로 측량할 수 없게 하셨도다(전 3:11).

모든 것은 하나님이 행하시는 "때를 따라" 진행된다. 그런데 우리는 한 번에 모든 것이 이뤄지면 좋겠다는 마음이 들기도 한다. 그래서 '하나님 나라도 한 번에 성취되면 얼마나 좋을까' 생각했던 적도 있다. 하지만 모든 것은 하나님의 시간에 따라 계획

되고 실행될 뿐이다. 하나님이 점진적으로 일을 진행하시는 데는 이유가 있다. 그때를 기다릴 줄 아는 사람에게 하나님의 역사가 성취되는 것을 보여 주시기 위함이다.

그러므로 우리가 할 수 있는 것은 하나님의 때를 기다리며 묵묵히 최선을 다하는 것이다. 물론 이런 말에 공감이 안 되는 분들이 계실 것이다. 한시가 급하고 뭐라도 빨리 성취되기를 바라는 마음에 천천히 때를 기다리지 못했던 모습이 내게도 있었다. 하지만 자신을 압박하면서 보낸다고 삶이 달라지지 않음을 깨닫게 되었다. 여전히 그와 같은 모습으로 사는 분들에게 나는 말씀드리고 싶다.

"수고하셨어요. 지금 모습으로도 충분해요."

그렇다. 충분히 수고했고, 충분히 잘 버티고 있다. 우리의 수고를 누구보다도 우리가 잘 알고, 우리 옆에 있는 누군가가 알고 있으며, 하늘에 계신 하나님도 이미 알고 계신다. 그래서 조급하지 않았으면 좋겠다. 당당하게 가슴을 펴고 한 걸음씩 내딛었으면 좋겠다. 우리를 응원하는 이들이 생각보다 많고, 우리를 위해 기도하는 이들도 분명히 있다.

그래서 우리에게 필요한 것은 '믿음'이다. 하나님이 허락하신 시간 속에서 인내하면서 기다린다면, 도우시는 하나님의 손길을 경험하게 될 것이다. 내가 이 글을 쓰게 된 것도 그런 이유 때문이다. 지금까지 끊임없이 도우시는 하나님의 손길을 느끼고, 나를 위해 기도해 주시는 분들의 사랑을 깨달았기 때문이다.

분명 혼자가 아니다. 함께하는 이들이 우리를 위해 기도하고 있다. 비록 하루를 사는 것이 만만치 않지만, 우리를 향한 누군가의 응원이 계속되고 있음을 소망하며 이 글을 나눈다. 상투적인 위로가 아닌 하나님이 주시는 위로를 통해 참 사랑을 경험하는 은혜의 시간이 되길 기도한다. 또한 이 책을 통해 피 흘려 주신 예수님의 사랑을 깨닫고, 하나님의 말씀과 동행하기를 기도한다.

우리는 지금도 충분히 잘하고 있다. 잠깐의 낙심을 겪었을 뿐 충분히 버텨 낼 수 있다. 그런 자신을 위해 가슴에 손을 올리고, 이렇게 외쳐 보면 어떨까? 분명 하나님의 사랑을 느낄 수 있을 것이다.

"괜찮아! 지금도 충분해."

2025년 9월
파워보이스
조철민 드림

1부

괜찮아,
정말 잘하고 있어

1.
난 외롭지 않아

여호와여 내가 주를 불렀사오니 속히 내게 오시옵소서
내가 주께 부르짖을 때에 내 음성에 귀를 기울이소서 나의
기도가 주의 앞에 분향함과 같이 되며 나의 손 드는 것이
저녁 제사 같이 되게 하소서 여호와여 내 입에 파수꾼을
세우시고 내 입술의 문을 지키소서(시 141:1~3)

·· 나 혼자 있는 것 같아

　혼자 길을 걸으면 많은 생각에 잠긴다. 아마도 곁에 누군가 없기에 생각의 나래에 자유의 날개가 붙는 모양이다. 그러다 보면 나도 모르게 헤어날 수 없을 만큼 생각이 깊어진다. 문제는 그때부터다. 나 혼자만 세상의 모든 문제와 고민을 짊어지고 있다는 생각이 들기 때문이다.
　"나만 홀로 있는 것 같아! 너무 힘들어…….."
　혹시 자신도 모르게 이런 푸념을 뱉어 낸 적이 있는가. 무의식

적이라고 하지만 습관이 되면 빠져나오기 어렵다. 안타깝게도 자기 입에서 이 같은 말이 반복되면 이미 자신의 생각과 감정이 이 말에 사로잡혀 있는 것이다. 좋은 말이 입에 붙어 사로잡히면 긍정적인 결과를 가져오지만, 나쁜 말이 입에 붙는 순간 부정적인 결과로 이어져 불행을 초래한다. 그래서 내 입에 어떤 말이 붙어 있는지는 너무나 중요하다.

사람들이 쉽게 하는 말 가운데 "정신없다"라는 말이 있다. 주로 '바쁘다'라는 의미로 사용되는데, 이 말을 자주 사용하다 보면 문제의 해결책을 찾기보다 문제에 매몰되는 경우가 많다. 정말로 정신이 없어서 문제 해결을 못하는 것이 아니라, 자기 말에 사로잡혀 정신을 차릴 수 없는 상태에 빠지고 마는 것이다. 그러다 보면 세상 짐을 자기 혼자 지고 가는 것처럼 느껴진다.

세상에서 가장 힘든 사람이 바로 '나 자신'이며, 내 문제에 모든 사람이 관심을 가지길 바라는 마음으로 매일을 산다. 그 결과 "정신없다"는 말과 "내 코가 석 자"라는 말로 자신의 행동을 합리화하는 것을 당연시한다.

대부분의 사람은 자신의 감정을 표현하고 싶어 하는 욕구가 있기에, 하고 싶은 말을 해야 마음의 병에서 벗어날 수 있다. 문제는 부정적인 말들로 삶의 나날들을 채우게 되면, 내게 주어진 하루에 감사하기보다 자신도 모르게 외로움에 사로잡혀 살게 된다는 것이다.

나에게도 그런 시간이 있었다. 수능 시험을 준비하던 수험생

시절, 대학을 다니며 사법시험을 준비하던 시절, 회사를 다니면서 미국공인회계사 시험을 준비하던 시절, 이후 목회자로의 부르심에 순종해 신학대학원을 준비하던 시절 나는 바쁘고 쫓기는 나날들로 인해 깊은 외로움에 사로잡히게 됐다. 왠지 모를 외로움과 부정적인 생각이 나를 힘들게 했고, 헤어나고 싶었지만 혼자 힘으로는 그럴 수 없었다.

골방의 기도

그런데 그때마다 나는 다른 곳이 아니라 '골방'에서 답을 찾을 수 있었다. 내게 골방은 문제의 매몰로부터 벗어나게 하고, 새로운 꿈을 꾸게 하는 공간이었다. 주님은 항상 골방에서 나를 만나 주셨고, 나의 부르짖음에 귀 기울이셨다. 내 말을 귓등으로 듣지 않으시고 귀담아들으시는 분이 계심을 깨달으며 내 안의 문제는 하나씩 해결되어 갔다.

본문에 시인의 감정도 비슷했을 것이다. 그의 부르짖음에는 삶의 애환과 고통이 있다. "여호와여 내가 주를 불렀사오니 속히 내게 오시옵소서"라는 부르짖음은 그냥 나오는 고백이 아니다. 고난과 고통 속에 사는 자가 살기 위해 외치는 부르짖음이다. 사면초가(四面楚歌)의 상황이지만, 오직 주님께 부르짖으면 주님이 귀담아들으시고 응답하신다는 확신이 있기에 부르짖는 것이다.

시인은 "나의 기도가 주의 앞에 분향함과 같이 되며 나의 손 드는 것이 저녁 제사 같이 되게 하소서"라고 간절히 부르짖었다. 이것은 더 이상 물러설 곳이 없고 포기할 수도 없기에, 주님께 모든 것을 맡기고 나오는 자의 모습이다. 따라서 부르짖는 자의 골방은 '영적 전쟁의 전진 기지'가 되고, 골방에서 부르짖는 순간마다 하나님이 움직이시는 역사가 일어난다.

혹시 자기도 모르는 이유 때문에 고난과 외로움에 갇혀 답답함 속에 헤매고 있는가. 나만의 골방을 만들어 보자. 골방은 나의 외로움을 끝내는 따뜻한 공간이다. 분명한 사실은 나의 골방에서 목 놓아 부르짖는 순간, 인생의 목마름이 사라지고 해갈의 기쁨을 맛보게 된다는 것이다. 마치 영화 〈워룸〉War Room의 여자 주인공이 남편의 회복을 위해 골방에서 기도함으로 문제 해결의 기쁨을 맛보듯이, 골방에서 기도하는 자는 하나님이 허락하시는 기적의 역사를 맛보게 될 것이다.

외로움은 하나님의 은혜를 잊는 순간에 찾아온다. 혼자 갇혀 있다고 느낄 때, 답답함은 나의 외로움을 극대화시킨다. 그러나 골방이 만남의 공간이라고 생각하는 순간, 외로움 대신 하나님의 부르심에 반응하게 된다. 하나님과의 만남, 그것이 문제로부터 벗어나 주님과 대화할 수 있는 계기를 만드는 것이다.

혹시 기도가 나오지 않는 순간을 경험하고 있다면, 골방에서 조용히 "아멘, 주를 찬양하나이다"라고 고백하며 주님께 나아가 보자. 간절한 마음으로 주님께 나아가는 순간, 눈에서는 하염없는 눈물이 흐를 것이고, 입술에서는 "주여"라고 고백될 것이다. 바로 이것이 골방을 사수한 자가 누리는 감사의 반응이며, 은혜의 강수가 폭포수처럼 흐르게 되는 것을 경험한 자의 표현이다.

오늘의 하루가 외로움이 아닌 하나님과 동행하는 하루가 되길 간절히 소망한다. 분명 하나님은 당신이 만든 골방에 임하셔서 당신을 안아 주실 것이다. 홀로 있다는 생각을 멈추게 하실 것이며, 임마누엘("하나님이 우리와 함께하신다")의 역사를 경험하게 될 것이다. 바로 그 순간 당신은 자신도 모르는 탄성을 외치지 않을까.

"난 외롭지 않아, 주님이 함께하셔!"

그렇다. 골방은 주님과의 동행을 경험하는 소통의 장소이자 당신의 외로움이 해결되는 따뜻한 공간이다.

은혜의 발자국

1. 시인의 고백과 같은 간절함으로 여호와 하나님을 부르 짖으면서 살았던 경험이 있다면 언제입니까?

2. 나의 외로움을 해결해 주시는 주님과 매일 동행하면서 살기 위해 무엇을 결단하겠습니까?

믿음의 기도

주님! 혼자 외롭다고 느낄 때마다, '영적 전쟁의 전진 기지'인 골방으로 들어가, 주님께 부르짖으며 주님 주시는 승리를 맛볼 수 있는 자가 되게 하옵소서.

2.
그렇게
오늘을 산다

그러므로 내일 일을 위하여 염려하지 말라
내일 일은 내일이 염려할 것이요
한 날의 괴로움은 그 날로 족하니라 (마 6:34)

·· **안절부절못하는 나**

'안절부절'이란 말이 있다. "마음이 초조하고 불안하여 어찌할 바를 모르는 모양"이란 뜻이다. 문제가 발생할 때마다 나타나는 마음 상태를 가장 잘 표현해 주는 말이다. 마음을 차분히 가라앉히지 못해, 자신도 모르게 '붕' 뜨는 느낌을 경험해 본 적이 있을 것이다. 문제는 이런 감정을 가지게 되면 문제 해결의 실마리는 찾지 못하고 문제가 더욱 복잡해지고 마음이 어지러워진다는 것이다.

사실 걱정해서 문제가 풀린다면, 우리는 매일 걱정하면서 살아야 한다. 하지만 걱정은 문제 해결의 방안을 마련해 주지 않는다. 오히려 문제의 난이도만 높일 뿐, 편견을 만들어 절망으로 인도하는 단초가 된다. 결국 내 안에 몰려온 두려움으로 인해 나를 믿음 없는 사람으로 살게 한다.

하지만 믿음의 사람은 흔들림 없이 하나님만 바라본다. 하나님의 시선으로 문제를 보려고 하기 때문에, 그의 기준은 하나님의 기준을 닮게 되고, 결국 문제를 통해 성장할 수 있게 된다. 만일 당신이 자주 불안에 시달리고 하는 일마다 불안하다면, 그것은 믿음이 연약하기 때문이다. 문제를 하나님께 맡길 수 있는 믿음이 있다면, 상황과 환경 때문에 물러서거나 뒷걸음치지 않는다. 하지만 많은 그리스도인들이 머리로는 '믿음'이란 단어를 떠올리지만, 실제 삶의 자리는 두려움으로 채우고 있음을 알 수 있다.

그렇다면 언제부터 믿음이 있어야 할 자리에 두려움이 자리 잡게 되었을까? 그것은 모든 것을 내 힘으로 해결하려고 했을 때부터다. 해결할 수 없는 문제임이 분명한데, 내일의 염려까지 가지고 와서 해결하려고 덤볐던 순간이 어디 하루이틀이었나. 끊임없는 영적 전쟁의 전장에서 살면서도 하나님께 지원 요청을 하지 않고 혼자 힘으로 싸우려 했던 적이 있을 것이다. 이는 하나님이 원하지 않는 어리석은 모습이다.

·· 취업 전쟁

과거에 모 회사의 채용담당자로 모교를 방문해 대학생들과 상담했던 시절이 있다. 그들이 가져온 서류를 보면서 이야기를 나누는데, 그 순간 내가 깨달은 것이 있다.

'내가 이들과 경쟁했다면 취업할 수 있었을까?'

많은 대학생들이 자신의 커리어를 돋보이게 하려고 많은 시간을 할애한다. 사실 스펙$_{Spec}$을 준비하기 위해 인턴을 하고 기업 경험을 쌓을 자리를 찾는 것은 나에게는 생소한 이야기였다. 요즘은 스펙뿐 아니라 스토리$_{Story}$를 만들기 위해 여행, 동호회 활동, 교환 학생 등 다양한 경험을 쌓는 친구들이 많다. 그런데 나는 대학 졸업 후 바로 군복무를 시작했기에 사실 준비한 스펙도 없었고, 취업을 위해 써 내려간 스토리도 없었다. 사실 면접의 자리에서 만난 사람들의 대화는 각종 훈련 준비로 바빴던 나에게 좌절을 안겨 줄 정도로 마음을 혼란하게 했다.

그런데 이런 고민은 한국 학생들만 하는 것이 아니었다. 미국 서부에서 생활하면서 들은 이야기가 있다. 중국계, 인도계 학생들이 미국으로 많이 왔는데, 이들의 스토리 만들기는 상상을 초월한다는 것이다. 많은 학생들이 '아이비리그'$_{IVY\ League}$ 대학에 진학하기 위해 어릴 적부터 각종 스포츠를 배우고, 다양한 실기들을 준비하며, 자기만의 스토리를 만들기 위해 엄청난 노력을 한다고 했다. 어쩌면 오늘을 사는 많은 학생들은 이와 같은 삶을 살기에 급급하다. 그런데 과연 그렇게 사는 것이 정답일까?

  사실 나는 매 순간 하루를 버티는 것이 기적이었다. 스펙과 스토리를 신경 쓸 여력도 없었고, 포장을 위해 애써 봤지만 그조차도 만만치 않았다. 결국 하나님이 내게 주신 답은 이런 근심과 걱정을 내려놓아야 한다는 마음이었고, 그때부터 나는 '주신 하루'에 감사하며 오늘 하루를 사는 데 집중하기 시작했다. 물론 삶의 무게는 여전히 무겁다. 그러나 놀라운 것은 하나님은 그렇게 나의 하루하루를 늘 책임지셨다는 사실이다.

·· 일상, 하나님의 선물

  과거에 군 생활 중 함께 근무하던 동료가 지뢰 사고로 이 땅을 떠난 날을 잊을 수가 없다. 25세 청년 시절, GOP에 울려 퍼진 굉음은 삶에 대한 깊은 고민을 안겨 주었다. 깊은 고민 끝에 나온 결론은 '내게 주신 하루가 내 것이 아니었구나'였다.

  사실 나는 내일을 염려할 자격이 없었다. 그저 하나님이 주신 오늘을 선물로 여기며, '지금'을 사는 데 집중하는 것뿐이었다. 내게 다가온 염려와 근심은 내 몫이 아니었기에 오직 믿고 맡기는 '전적 위탁'의 삶만이 삶을 가치 있게 보내는 방법이었다.

  "내일 일을 위하여 염려하지 말라"는 말씀은 내게 주어진 시간이 내 것이 아님을 기억하게 만든다. 이 말은 어제까지 나를 인도하셨던 하나님이 신실하심을 믿기에, 내일을 걱정하기보다 내게 주신 오늘을 감사하며 믿음으로 살라는 뜻이다. 하나님이 주신 하루의 소중함을 알고 내 일상이 '하나님의 선물'임을 안다면, 믿음 안에서 주님 주신 시간을 걸어갈 수 있게 된다. 결국 내일에 대한 염려는 오늘을 감사로 살아야 하는 그리스도인에게는 사치인 것이다.

혹시 내일의 염려에 갇혀 괴로움 속에 살고 있다면, 혼자 많은 것을 고민하지 않기를 바란다. 내게 주신 오늘을 기쁨으로 감사하면서 산다면, 하나님이 주실 내일도 분명 오늘처럼 될 것이다. 그러므로 하나님이 주신 오늘이 가장 복되고 은혜로운 날이다. 우리에게는 하나님이 주신 가장 아름다운 날을 아름답게 사용해야 할 의무가 있다. 오직 하나님께 받은 오늘을 감사함으로 살자. 은혜는 감사를 통해 흘려보내고, 염려는 기도를 통해 내 안에서 꺼내어 밖으로 보내자. 분명 하나님이 부어 주시는 놀라운 은혜를 경험하게 될 것이다.

은혜의 발자국

1. 지금 내가 고민하고 있는 근심과 걱정이 있다면 무엇입니까? 나는 어떤 마음으로 이 문제를 대하고 있습니까?

2. 하나님이 주신 오늘 하루를 하나님의 선물로 여기고 감사함으로 살기 위해 무엇을 결단하겠습니까?

──── 믿음의 기도 ────

주님! 감사하게 살 수 있는 오늘이 있음이 은혜임을 기억하며, 내가 맞이할 내일도 오늘처럼 염려가 아닌 감사로 살아가게 하옵소서.

3.
이 길이
가장 안전해

주의 말씀은 내 발에 등이요 내 길에 빛이니이다
(시 119:105)

·· 약속 장소 정하기

1990년대 후반 많은 이들은 소위 '삐삐'(무선호출기)를 통해 소통했다. 당시 삐삐는 공중전화를 통해 상대방의 음성만 확인할 수 있는 기기였다. 그래서 가급적 서로에게 익숙한 장소에서 보자고 해야 안전하게 만날 수 있었다.

내게도 그런 장소가 하나 있다. '신촌 지하철역 3번 출구 앞', 홍익문고와 맥도날드가 있던 그 장소는 많은 젊은이들이 안전하게 만날 수 있는 추억의 장소였다. 과거에 TV 드라마〈응답하라〉시리즈에서노 이 상소를 등장시켜 시청자들로 추억에 잠기게 했는데, 당시 신촌 지하철역 3번 출구는 '만남의 광장'이자 뉴욕의

'타임스 스퀘어'*Times Square* 같은 곳이었다.

  사실 요즘은 누군가를 만날 때 익숙한 장소에서 만나자고 할 필요가 없다. 오히려 블로그 글이나 'ㅇㅇㅇ 플레이스'로 다녀온 사람의 후기를 읽고, 새로운 장소에서 약속 잡는 것을 즐긴다. 낯선 장소여도 사람들의 경험이 기록되어 있는 리뷰를 확인하면 되고, 약속 장소가 바뀌어도 스마트폰으로 예약 취소가 가능하기에, 처음 가보는 장소라고 딱히 겁먹을 필요가 없다. 이처럼 기기의 변화가 새로운 문화를 탄생시켰고, 사람들의 생활 패턴에 변화를 주었다. 또한 AI*Artificial Intelligence*의 상용화는 그 어떤 시대보다도 삶의 변화를 가속화시키고 있다.

  시대가 변하면서 약속 장소를 정하고 길 찾는 방식도 달라졌지만, 여전히 길을 찾을 때 중요한 것은 헤매지 않고 안전하게 찾는 것이다. 어떤 사람들은 '한번 헤매는 것도 괜찮아'라고 생각한다. 물론 경험이 사람을 성장시킨다는 면에서는 적극 동의한다. 그러나 헤매는 것이 아니라 들어가서는 안 되는 길로 가서 헤어나지 못할 때 치러야 할 대가는 상상을 초월한다. 이단, 마약, 동성애 등 하나님이 원하지 않으시는 길로 들어서는 것은 결코 가서는 안 되는 길이다.

  이런 길을 들어서는 사람이 얼마나 있느냐고 묻는 사람도 있다. 하지만 이와 같은 현상은 유럽과 미주 대륙에 이미 퍼져 있고, 절대 간과해서는 안 되는 일이다. 그러다 보니 인생의 길을 어떻게 가야 할지에 대해 고민하지 않을 수 없다.

이 길이 맞는 건가

'이렇게 공부해도 되는 건가.'
'이렇게 살아도 되는 건가.'
'이 길이 맞는 건가.'
'나는 지금 이 결정을 내려야 하는가.'

이런 고민은 인생 가운데 반드시 찾아온다. 그런데 이 질문에 답을 하려면, 기준이 있어야 한다. 내 삶에 기준이 있다면, 내딛는 걸음이 안전할 뿐 아니라 당당함까지 누릴 수 있다. 특히 지금처럼 가치 혼돈의 시대를 사는 우리에게, 기준이 되는 정확한 안내보다 더 중요한 것이 있을까. 그러므로 주님의 말씀이 기준이 된다는 것은 가치 혼돈으로부터 벗어나 하나님의 뜻대로 살 수 있게 된다는 뜻이다. 그러므로 주님의 말씀은 시대를 초월하는 정확한 지표이자, 표류한 선박을 구제하는 등대이고, 갈 길을 바로잡게 해주는 나침반이다.

물론 목자의 심정을 가지신 주님은 탕자의 비유에 등장한 둘째 아들처럼 허랑방탕한 생활을 하고 돌아온 자도 맞아 주신다. 하지만 방황하다 돌아가려고 해도, 기준이 없고 안내가 없으면 불가능하다. 결국 사람은 내가 받는 안내가 바르다는 사실을 인정할 때, 방황을 끝내고 안전한 곳으로 갈 수 있게 된다. 그래서 말씀 묵상을 한다는 것은 삶의 기준을 세우고 방황을 끝내는 가장 핵심적인 방법이다.

·· 말씀 묵상의 삶

나는 묵상 잡지를 제작하면서 시작했던 '아침 묵상 나눔'("모닝 메시지")을 2018년 이후로 계속하고 있다. 당시 레위기 말씀이 어렵다는 한 성도의 말에 반응해서 시작한 것을 지금까지 자발적으로 해오고 있다. 감사하게도 말씀을 나누는 사역을 하다 보니, 나부터 말씀을 삶의 기준으로 삼는 생활을 하게 되었고, 더 나아가 공동체가 말씀으로 무장되는 원동력이 되었다. 결국 어지럽고 혼란한 세상에서 성도를 살리고 구하는 실질적인 방안은 하나님의 말씀을 묵상하는 것이다.

사탄의 전략과 전술은 하나님의 말씀의 틈을 노리는 것이다. 사탄은 언제나 한 영혼과 공동체를 무너뜨릴 틈을 노리고 기회를 엿본다(엡 4:27). 사탄의 간계가 얼마나 치밀한지 알 수 있는 예 가운데 하나가 '무지개'의 의미를 변질시킨 일이다. 성경에 등장하는 무지개(케쉐트)는 '다시는 물로 심판하지 않겠다'는 하나님의 약속이다. 여기서 히브리어 단어 '케쉐트'는 '무지개'란 뜻과 함께 '활'이란 의미도 있다. 그래서 하나님이 무지개를 보여 주신 것은 다시는 물로 세상을 심판하지 않겠다는 약속을 위해 활시위 방향을 바꿔서 보여 주신 것이다.

하지만 최근 무지개는 색깔도 일곱 개가 아닌 여섯 개로 해서 동성애자를 지지하는 상징으로 사용되고 있다. 그들은 언약의 상징이었던 무지개의 좋은 의미를 교묘하게 파고들어 많은 이들을 혼란스럽게 한다. 참 안타까운 일이다.

그러므로 하나님의 백성은 하나님의 말씀을 바로 아는 데 집중해야 한다. 오직 내 삶을 인도하시는 하나님의 말씀을 붙들 때, 하나님이 인도하시는 안전한 길을 걷게 된다. 가치 혼란의 시대에 타협하면서 사는 성도가 아니라, 구별된 자로 빛과 소금의 역할을 감당하며 세상을 사는 성도만이 어두운 세상을 밝힐 수 있다.

이처럼 말씀을 묵상하는 삶보다 안전한 삶은 없다. 말씀 묵상을 통해 자신을 돌아보고 앞으로 가야 할 방향을 고민하기 때문에 자연스럽게 감사가 넘친다. 또한 앞이 보이지 않아 헤매는 자는 말씀을 통해 길을 찾고 말씀을 등대 삼아 안전한 항구에 도달하게 된다. 결국 하나님의 말씀대로 사는 삶이 답이다.

최근 자녀 문제로 힘들어하는 지체들과 말씀을 나누고 기도하면서 확신하게 된 일이 있다. 그것은 말씀을 붙잡는 가정은 고난 속에서도 버티는 힘을 가지고 있다는 것이다. 아무리 바쁘고 힘들어도 하나님의 말씀을 붙들고 사는 사람은 기준이 정확하기에 생각의 복잡함으로부터 헤쳐 나올 수 있다.

오늘도 세상 고민 때문에 시름하고 있다면, 말씀 앞으로 나아가자. 내딛는 발걸음은 당당함과 자신감으로 가득 차게 될 것이고, 가슴은 참 평안으로 채워질 것이다.

은혜의 발자국

1. 주의 말씀에 붙들려 사는 인생 가운데 참 평안과 안전함이 있다는 사실을 개인적으로 경험했던 적이 있다면 언제입니까?

2. 오늘도 주님이 인도하시는 안전한 길로 가기 위해, 내가 결단해야 할 것이 있다면 무엇입니까?

믿음의 기도

주님! 주의 말씀이 내 발에 등이요 내 길에 빛임을 기억해, 삶의 길 가운데서 헤매는 인생을 사는 것이 아니라 올바른 방향으로 걸어가는 주님의 자녀가 되게 하옵소서.

4.
전쟁은
내 영역이 아니야

> 오늘 여호와께서 너를 내 손에 넘기시리니 내가 너를 쳐서
> 네 목을 베고 블레셋 군대의 시체를 오늘 공중의 새와 땅의
> 들짐승에게 주어 온 땅으로 이스라엘에 하나님이 계신
> 줄 알게 하겠고 또 여호와의 구원하심이 칼과 창에 있지
> 아니함을 이 무리에게 알게 하리라 전쟁은 여호와께 속한
> 것인즉 그가 너희를 우리 손에 넘기시리라(삼상 17:46~47)

·· 최선을 다한다는 것

누구든지 자신에게 주어진 일을 잘 감당하고 싶어 한다. 책임감이 강한 사람일수록 맡겨진 사명을 완수하기 위해 시간을 아끼고 최선을 다한다. 그런데 문제는 과정과 결과를 모두 다 좋은 방향으로 가져가기가 어렵다는 것이다. 좋은 결과를 얻고도 "과정을 놓쳤어"라고 말하기도 하고, 결과가 좋지 않으면 "과정을 잘 지켰으면 됐어"라고 말하기도 한다.

그런데 과정과 결과의 중요성보다 더 답답한 마음이 느껴질 때가 있다. 그것은 최선을 다해도 안 될 것 같은 느낌이 엄습할 때다. 혹시 공부를 해도 안 될 것 같은 느낌, 면접을 봐도 안 될 것 같은 느낌, 치료를 해도 괜찮아지지 않을 것 같은 느낌을 가져 본 적이 있는가? 아무리 책을 읽어도 이해되지 않고, 시간을 낭비하는 것 같고, 항암 치료에도 차도가 없어 보이는 상황을 경험해 본 사람이라면 막막함이란 감정을 알 것이다. 또한 갑작스러운 사별로 어려움을 겪는 성도에게 마음을 담아 말했지만, 내가 경험해 보지 못한 상황에 대해 말하는 것이 주제넘은 행동은 아닌가 생각도 해보았다.

문제는 이런 감정 상태가 계속될 경우, 될 일도 안 된다는 점이다. 확신 속에 살아도 쉽지 않은 인생인데 스스로 의심에 갇히는 순간, 주어진 능력들을 제대로 써보지도 못하고 주저앉을 때가 많다. 그러므로 사람에게 필요한 것은 '된다, 안 된다'의 영역으로 문제를 보는 것이 아니라, 내 삶의 모든 문제의 주권자가 따로 있음을 믿고 현실에 충실한 삶을 사는 것이다. 결국 내게 주어진 하루에 대한 반응은 감사뿐이지, 과정과 결과를 미리 짐작해서는 안 된다는 것이다. 답은 문제 해결의 시작을 위해 모든 것을 하나님께 맡기는 것이다.

·· 전적 위탁

다윗은 누구보다도 자신의 모든 문제를 하나님께 맡기는 사람이었다. 블레셋과의 전투에서 당당하게 "여호와의 구원하심이 칼과 창에 있지 아니"하다고 고백했다. 다윗은 자신의 모든 것을 여호와께 맡기는 삶을 가장 중요하게 여겼고, 이러한 삶을 사는 데 주저하지 않았다. 오직 여호와 하나님의 이름이 조롱받는 것을 못마땅하게 여기고 부딪혔을 뿐, 모든 결과는 하나님께 맡겼다. 그야말로 '전적 위탁'(全的委託)의 삶을 몸소 보인 것이다. 쉽게 말하면, '나는 그저 내게 주어진 일을 할 뿐이요, 모든 것은 창조주이신 하나님께 맡긴다'는 자세다. 이 같은 마음으로 준비하면 '최선을 다해 과정을 준비하고, 결과로부터는 자유'하는 결론에 다다르게 된다.

사실 어떤 일이든 내 힘으로 하려 할 때 문제가 발생한다. 내가 아무리 완벽하게 준비했다고 해도, 여전히 나약한 존재라는 사실을 모르고 있으면 일을 그르치게 된다. 특히 피조물인 사람은 창조주이신 하나님을 믿지 않는 순간, 교만이란 죄에 사로잡혀 중요한 일을 그르치고 만다. 그러므로 철저하게 하나님만 믿고 나아가는 것이 문제 해결의 방법이다. 다른 것들을 생각하면 염려만 늘어나게 된다. 오직 나는 하나님 앞에서 영적 전쟁을 위해 쓰임받을 뿐이요, 전쟁하시는 분은 하나님이심을 믿어야 한다.

이처럼 오늘도 문제 앞에서 내가 할 일은 주어진 문제에 매몰되지 않고, 그것을 하나님께 맡기며 사는 것이다. 만일 하나님께 맡기지 못하고 있다면, 그것은 '전쟁의 주권자가 나'라는 착각에서 벗어나지 못했기 때문이다.

·· 불안감 대신 믿음으로

과거에 직장을 다니다가 신학을 전공하고자 했을 때, 많은 불안감에 사로잡혔던 기억이 있다. 하나님께 전적으로 위탁한다고 고백하면서 인생의 궤도를 바꿨으나 불안감이 나를 휘감았다. 사람들과의 대화 속에서 전적 위탁의 삶을 사는 것처럼 말했지만, 사실 마음 한 곳에는 여전히 불안한 마음이 있었다.

나는 염려와 불안 속에 살았고, 내가 모든 것을 다 준비해야 한다는 착각에서 벗어나지 못했다. 하나님의 섭리를 믿고 기도하면서 움직여야 했으나, 내 생각대로 움직이는 순간도 많았다. 그런데 이런 과정 속에서도 하나님은 불안감 대신 믿음으로 채워주셨고, 은혜의 삶이 무엇인지를 알게 하셨다.

이와 같은 깨달음은 교회 개척을 결단한 순간에도 동일했다. 내 힘으로 이것들을 풀어나가려고 했다면, 보이지 않는 길 앞에서 좌절로 일관했을 것이다. 하지만 모든 것을 인도하시는 하나님께 맡기는 순간, 이 전쟁은 내게 속한 것이 아니라 하나님께 속한 것임을 알기에 오늘도 믿음으로 이 길을 간다.

하나님의 백성은 달라야 한다. 내 안의 모든 것을 주관하시는 하나님을 신뢰하며, 영적 전쟁의 주체가 '나'인지 '하나님'이신지 결정해야 한다. 내가 사공이 되는 순간, 배는 나의 유익을 추구하는 방향으로 가게 되어, 방향을 잃고 긴급 상황에 직면하게 된다. 하지만 하나님이 사공이 되신 배에 올라타고 가면, 하나님의 계획 안에서 목적지에 안전하게 도착하게 된다.

그러므로 영적 전쟁의 주어는 '내'가 아닌 '하나님'이 되어야 한다. 주어를 하나님으로 바꾸지 않으면서, 영적 전쟁에서 참 승리를 맛보는 것은 불가능하다. 오직 하나님께 모든 것을 맡겨 드리는 자세를 장착할 때, 하나님이 주시는 온전한 승리를 누리게 되는 것이다. 그러므로 하나님의 백성이라면, 다음의 말을 큰 소리로 외칠 수 있어야 한다.

"전쟁은 하나님께 속한 것이야!"

오직 하나님을 전쟁의 사령관으로 삼고 믿음으로 나아갈 때, 감히 상상도 할 수 없는 놀라운 역사를 경험하게 됨을 기억하자. 하나님은 지금 이 순간에도 나와 동행하기를 원하시며, 싸움의 주권자로 결단하기를 바라신다.

은혜의 발자국

1. 전쟁이 하나님께 속했음을 인정하지 못한 채, 내 힘으로만 풀려고 했던 문제가 있다면 무엇입니까?

2. 내가 현재 치르고 있는 영적 전쟁에서 온전한 승리를 얻으려면 무엇을 결단해야 합니까?

믿음의 기도

주님! 전쟁이 나에게 속한 것이 아님을 깨닫고, 언제나 내게 주어진 하루를 주님께 맡겨 드리며 살아가는 믿음의 용사가 되게 하옵소서.

5.
가만히 서서
기대하며 기도해 봐

모세가 백성에게 이르되 너희는 두려워하지 말고 가만히
서서 여호와께서 오늘 너희를 위하여 행하시는 구원을
보라 너희가 오늘 본 애굽 사람을 영원히 다시 보지
아니하리라 여호와께서 너희를 위하여 싸우시리니 너희는
가만히 있을지니라(출 14:13~14)

·· 믿음의 태도

 문제 해결을 위해 '발버둥'질해 본 적이 있는가?
 '발버둥'이란 "온갖 힘이나 수단을 다하여 애쓰는 일을 비유적으로 이르는 말"이다. 여기서 내게 와닿는 표현은 "온갖 힘이나 수단을 다하여"라는 말이다. 이는 문제 해결을 위해 갖은 수단과 노력을 동원해서 해결하려고 덤빈다는 뜻이다. 이처럼 사람은 어려운 상황에 놓이면, 힘든 상황을 타계하기 위해 어떻게든 무엇인가를 해보려 한다. 그래서 나를 위해 여호와께서 싸우신다는 사실을 머리로는 알고 있지만, 막상 행동으로 '가만히' 있는 것은 쉬운 일이 아니다.

본문에 사용된 "가만히 있을지니라"는 말씀은 '의욕 없이 있으라'는 말이 아니다. 지금 이 싸움을 싸우는 주체가 누구인지를 정확히 알라는 뜻이다. 싸움의 주체가 내가 아닌 상황에서 잘못 나섰다가 오히려 싸움을 그르치게 되는 것처럼 어리석은 일도 없다. 그러므로 나의 말 한마디와 행동이 하나님이 행하시는 전쟁을 방해하지 않도록 믿음의 눈으로 바라보는 태도가 중요하다. 아무리 장애물이 도처에 깔려 있는 것처럼 보여도, 부정적인 말로 일을 그르치기보다 하나님이 일하시도록 맡겨 드리는 것이 믿음의 태도다.

모세는 하나님이 자신을 부르셨을 때, 자신만만한 태도로 반응하지 않았다. 그는 하나님이 부르신 자리를 피하고 싶었다. 하지만 하나님은 모세에게 '타지 않는 떨기나무'를 통해 이 싸움의 주체가 자신임을 보여 주셨다. 그래서 모세는 이스라엘을 인도해야 할 자리로 아론과 함께 가게 된 것이다. 도저히 자기 힘으로 감당이 안 되는 상황임에도 불구하고, 하나님이 부르시면 반응해야 하고 그 자리를 지켜야 한다.

·· 진퇴양난

놀랍게도 우리 주변에 모세와 같은 상황은 생각보다 많다. 성도들의 기도 제목을 보면, 출애굽의 기적이 일어나야 할 상황이 도처에 있다. 그야말로 눈앞에 보이는 것은 홍해요, 무엇을 해야 할지 모르는 답답한 상황이 다반사다. 그럴 때마다 '가만히 서서 하나님이 하실 일에 대해 기대하자'는 마음보다는 '왜 하필 내게 이런 일이 일어났을까' 근심하며 걱정 속에 지낼 때가 훨씬 많다. 내가 삶의 진퇴양난(進退兩難)에 빠졌을 때, 하나님은 '가만히 있을지니라'는 말씀을 주셨다. "지금 이 싸움은 내가 주관해서 치르는 싸움이야. 너는 가만히 좀 있으렴." 이보다 위로가 되는 말씀은 없었다.

아무것도 할 수 없는 상황처럼 보일 때, 하나님이 이 싸움의 주관자가 되신다고 말씀하시며 부르셨다. 따라서 우리가 해야 할 일은 삶의 주인 된 자리를 하나님께 내어드리는 것이어야 한다. 오직 하나님이 나를 인도하시기 때문에, 내가 이 문제를 해결하기 위해 머리로 판단하는 것이 아니라 하나님이 행하실 일을 바라보는 훈련이 필요한 것이다.

하지만 우리는 이 사실을 정말 자주 잊는다. 하나님이 내 생각보다 훨씬 더 크신 분이라고 믿지만, 문제 앞에서는 내 생각이 앞설 때가 많다. 그럴 때마다 나도 모르게 주님을 내 생각 안에 가둬 놓으려 한다. 크고 놀라우신 일을 행하시는 하나님의 역사를 믿는다고 하면서도, '그런 일이 일어날까'라는 의심이 들 때가 많다. 그러나 하나님은 늘 나의 계획보다 치밀하셨고, 계획적이셨으며, 나보다 앞서 일하셨다. 그리고 지금도 믿음 없는 자를 통해 일하시며 움직이신다.

기도, 믿는 자들의 유일한 일

주님을 믿는 자가 문제 앞에서 할 수 있는 유일한 일은 기도하는 것이다. 하나님은 기도하는 자를 통해 일하시고 역사하신다. 하나님은 내 기도에 반응하시고 응답하시는 분이셨다. 가끔 응답의 시간이 내가 생각했던 시간과 다를 때도 있었지만, 그것조차도 하나님의 치밀한 계획이었다. 따라서 하나님이 행하시는 역사에 동참하는 최고의 방법은 기도하는 것이다.

그러나 신앙생활을 하면 할수록 가만히 있는 것에 어려움을 느낀다. 여호수아가 이스라엘 백성을 이끌고 여리고 성을 돌 때, 하나님은 아무 말도 하지 말라고 하셨다(수 6:10). 분명 여리고 성을 일곱 번 돌다가 양각 나팔을 불어 큰 소리로 외치는 전략은 상식적으로 이해가 안 되는 방법이다. 누가 봐도 성을 정복하려면 무기를 앞세우는 공격 계획을 세워야 한다.

하지만 하나님은 "아무 말도 내지 말라"고 명하시며, 그저 여리고 성을 돌라고만 하셨다. 하나님은 성을 도는 것 외에 어떤 공격도 명하지 않으셨다. 왜냐하면 여호와께서 "여리고와 그 왕과 용사들을 네 손에 넘겨(수 6:2)"주시기로 이미 작정하셨기 때문이다. 따라서 이스라엘 백성은 그 말씀을 '가만히' 들어야 했고, 하나님이 일하시도록 순종하는 것이 승리하는 유일한 방법이었다.

이처럼 하나님이 하실 일을 보려면, 하나님의 말씀을 가만히 들으면서 내 생각을 멈추는 훈련이 필요하다. 인간의 머리로는 불가능해 보이는 일을 하나님은 행하신다. 막힌 홍해를 건너게 하시고, 여리고 성도 무너뜨리시는 분이 하나님이시다. 그러므로 내게 필요한 것은 하나님이 행하실 일들을 하나님의 관점에서 보는 것이지, 하나님이 행하실 일을 내 수준으로 낮추는 것이 아니다.

보통 사람들은 하나님의 부르심에 순종으로 반응하기보다, 하나님의 역사를 자신의 작은 생각에 가둬 놓는 오류를 범한다. 하나님은 바로 그런 자들을 향해 '가만히' 있을 것을 요청하셨다. '가만히' 서서 보는 것도 믿음이라 하시며, 아무 말도 하지 말고 하나님의 역사를 보라는 것이다.

이처럼 믿음은 하나님의 역사 앞에 순종으로 반응하는 것이다. 하나님이 움직이실 수 있도록 자신의 공간을 내어 드리는 훈련을 해야 한다. 하나님의 백성답게 하나님의 말씀을 청종하고, 순종하며, 하나님이 일하시도록 '가만히' 하나님의 자리를 내어 드리자. 바로 그 순간 하나님이 보여 주시는 역사만큼 내 신앙도 자란다.

오늘 하루도 하나님이 행하실 일을 기억하면서, 나를 위해 싸우실 하나님을 의지하자. '가만히' 서서 하나님이 행하실 일들을 기대하고 기도할 때, 하나님이 나를 위해 싸우시는 놀라운 역사의 주인공이 될 것이다.

은혜의 발자국

1. 나를 위해 싸우시는 하나님을 전적으로 신뢰하지 못하고, 전전긍긍했던 적이 있다면 언제인지 이야기해 봅시다.

2. 하나님이 나를 위해 싸우실 싸움을 내가 있는 자리에서 '가만히' 보기 위해 무엇을 결단하겠습니까?

─────── 믿음의 기도 ───────

주님! 삶의 진퇴양난에 빠진 지금 이 순간에도 주님이 싸우고 계심을 믿으며, 잠잠히 주님만 믿고 나아가는 기도의 용사가 되게 하옵소서.

6.
함께 버티는 것보다
더 큰 은혜는 없어

> 모세의 팔이 피곤하매 그들이 돌을 가져다가 모세의
> 아래에 놓아 그가 그 위에 앉게 하고 아론과 훌이 한
> 사람은 이쪽에서, 한 사람은 저쪽에서 모세의 손을 붙들어
> 올렸더니 그 손이 해가 지도록 내려오지 아니한지라
> (출 17:12)

·· 믿음이란 무엇인가

"믿음이란 무엇입니까?"

이 질문을 받을 때마다 '에무나'라는 히브리어 단어를 떠올린다. 이 단어가 성경에서 사용된 용례 중 가장 인상 깊은 장면은 아말렉 전투다. 모세의 팔이 올라가 있으면 이스라엘이 승리했고, 모세의 팔이 피곤해 아래로 내려오면 이스라엘은 전투에서 패배했다. 그러다 보니 아론과 훌은 모세의 팔을 붙들어 올리기 위해 전력을 다했다. 바로 모세의 손이 '내려오지 아니하도록' 버

텼다는 의미로 쓰인 단어가 '에무나'다. '에무나'는 '아만'(뜻: 지속하다, 지탱하다, 확실하다)의 어원이 되는 단어로, 우리가 잘 아는 '아멘'(뜻: 진실로, 참으로, 그렇습니다)이 여기서 나왔다.

결국 이스라엘 백성이 아말렉과의 전투에서 승리할 수 있었던 것은 모세의 손이 피곤하여 내려오지 않도록 아론과 훌이 그의 팔을 지탱하고 버텼기 때문이다. 이처럼 그들은 전쟁의 주권자가 하나님이라는 사실을 인정하며, 하나님 앞에 항복하는 심정으로 손을 들었고, 하나님은 그 순간 기적의 역사로 그들을 인도하시며 참된 승리를 주셨다.

그렇다면 오늘을 사는 하나님의 백성이 세상과의 전투에서 승리하려면 어떻게 해야 할까? 오직 하나님을 바라보며 손을 들고 '아멘'이라 외칠 때 하나님이 주시는 승리를 얻을 수 있다. 분명한 사실은 내가 있는 삶의 현장에서 갈급한 심정으로 하나님께 부르짖으면, 하나님이 주시는 참된 승리를 맛보게 된다는 것이다. 따라서 믿음이란 주실 승리에 대한 확신의 표현이요, 피곤해서 힘들지라도 하나님만 바라보면서 버티는 것이다.

·· 버티기

세상에서 주실 승리를 기대하면서 버티는 것은 결코 만만한 일이 아니다. 매 순간 예배하는 자의 정체성을 지켜 구별되게 살려고 하지만, 세상의 눈빛 때문에 포기하고 싶을 때가 많다. '왜 그렇게 힘들게 사냐'고 묻는 이들의 말에 그만 모든 것을 내려놓고 싶을 때가 있다. 나도 모르게 팔도 내려오고 주저앉고 싶을 때가 생기는 것이다. 하지만 그때 나를 도와줄 아론과 훌이 함께 있다면 버틸 수 있을 것이다. 그러므로 우리에게는 손을 잡아줄 동역자가 필요하다.

세상에는 걸려 넘어지게 하는 것들이 너무도 많아 혼자 버티는 것이 어렵다. 나를 피곤하게 만드는 것들이 도처에 있고, 이로부터 벗어나는 것도 만만치 않다. 이런 상황 속에서도 승리하려면 하나님께 모든 것을 맡기고 동역자들과 함께 삶을 나누고 기도해야 한다.

최근에 재정적인 이유, 사별, 우울증 등으로 쉽지 않은 시간을 보내는 주변 사람들을 보게 된다. 언제부터 밖에서 사람 만나는 것이 힘이 들고, 혼자 있는 것이 편하다는 생각에 세상 밖으로 나오지 못하는 분들이 있다. 이런 사람들에게 필요한 것이 바로 동역자다. 내가 힘들고 지쳐 영적 전쟁을 포기하고 싶을 때, 하나님 앞에 손을 들고 함께 예배드릴 동역자가 있다면, 죽어가는 영혼도 다시 살아날 수 있다.

교회 공동체와 동역의 기쁨

문제는 동역의 기쁨을 알지 못하는 사람들이 여전히 많다는 것이다. '가나안' 성도 이야기는 더 이상 낯설지 않다. 교회 공동체의 필요를 느끼지 못하고, 교회에 소속되어 예배드리기를 힘들어하는 사람들의 이야기는 어제오늘의 일이 아니다. 물론 그들의 이야기를 듣다 보면 미안한 감정이 든다. 하지만 교회의 머리 되신 예수님은 나와 당신을 한 몸 된 공동체로 부르셨다. 따라서 성도는 자신의 부족함을 인정하고, 교회 공동체에서 신앙생활 하며, 몸의 지체로서의 역할을 감당해야 한다. 동역자를 통해 배우고 은혜를 나누면서 더욱 성장하게 되는 것이다.

혹시 예배 자리를 지키려고 하지만 문제 앞에서 자주 걸려 넘어지는 이유에 대해 생각해 본 적이 있는가? 그것은 나 혼자 내 문제에 너무 매몰되어 다른 관점으로 바라보고 지지해 줄 동역자가 없기 때문이다. 그래서 시험에서 승리하지 못하고, 패배주의에 사로잡히게 되는 것이다. 그러나 교회 안에 있으면 내가 부족해도 서로 합력하여 선을 이룰 수 있기 때문에, 패배주의의 외로움에서 벗어나 함께 소망을 품게 되는 놀라운 은혜를 경험하게 된다.

그래서 누가 뭐래도 교회는 이 땅의 소망이다. 이 땅에서 불완전한 교회의 모습에서 안타까움과 아쉬움을 느낄 때도 있지만, 그럼에도 교회는 '산 위의 동네'로 소금과 빛의 사명을 감당하며,

적은 누룩이 온 덩이를 부풀게 하는 것처럼, 세상에 영향력을 발휘하게 될 것이다. 그 결과 공동체 안에 있는 사람은 형제를 위한 헌신을 배우고, 온전한 공동체를 위하는 마음과 섬김의 자세도 자연스레 경험하게 된다.

그러므로 동역자와 함께 손을 들어 예배하는 자리는 늘 중요하다. 소그룹을 통해 함께 삶을 나누고 기도하는 것보다 가치 있는 일은 없다. 아무리 세상이 우리의 동역을 비웃는다 해도, 우리의 손은 내려오지 않을 것이다. 참된 승리를 함께 누리기 위해, 아픈 팔을 바치며 하나님을 향해 예배하는 모습은 계속될 것이다. 모든 문제를 해결해 주시는 주님 앞에 동역자와 함께 나아가는 자는 자신의 팔이 내려오지 않도록 최선을 다해 버틸 것이다.

그러므로 믿음으로 버티는 것이 영적 승리의 원동력이다. 아무리 힘들어도 주님만 바라보고 버티는 자는 굳건해질 것이며, 함께하는 동역을 통해 하나님의 놀라운 은혜를 누리게 될 것이다.

은혜의 발자국

1. 세상살이에 지쳐 믿음 없이 하루를 보냈던 적이 있다면 어떤 일 때문이었는지 나눠 봅시다.

2. 내가 처한 이 어려운 상황을 함께 이겨낼 동역자가 있다면 누구이며, 동역자와 함께 나눌 기도 제목이 있다면 무엇인지 나눠 봅시다.

믿음의 기도

주님! 혼란하고 힘든 시대를 살지만, 믿음의 동역자들과 함께 기도하며 이 순간을 주님께 맡기고 버틸 수 있게 인도하여 주옵소서.

7.
너는
우리의 자랑이란다

> 형제들아 우리가 너희를 위하여 항상 하나님께 감사할지니
> 이것이 당연함은 너희의 믿음이 더욱 자라고 너희가 다
> 각기 서로 사랑함이 풍성함이니 그러므로 너희가 견디고
> 있는 모든 박해와 환난 중에서 너희 인내와 믿음으로
> 말미암아 하나님의 여러 교회에서 우리가 친히 자랑하노라
> (살후 1:3~4)

·· 수련회에서 만난 하나님

나는 '모태 신앙'으로 주일마다 교회에서 예배드리는 것은 당연한 일이었다. 그런데 주일 아침에 하는 만화 영화를 보는 친구들이 부러웠다. 그러나 주일 아침 9시까지 교회에 출석해야 했기에, 만화 보는 것은 마음속 '버킷 리스트' 정도로 남겨 둬야 했다.

중학생이 된 후 '수련회'라는 것을 처음으로 경험했다. 처음에는 여름성경학교의 고급 버전 정도라고 생각하며 참석했다. 그

런데 현수막에 걸린 주제는 지금까지 보던 여름성경학교 주제와는 전혀 달랐다.

"레츠 체인지 더 월드" Let's Change the World.

"나는 예수님이 좋아요"와 같은 주제만 보다가 "세상을 변화시키자"라고 하니 뭔가 모를 비장함이 느껴졌다. 당시 수련회가 내 기억에 남아 있는 이유는 수련회에 참여하려고 힘쓰던 수험생 형들과 누나들의 모습 때문이다. 솔직히 나는 수험생이던 그들이 보충 수업을 마치고 교복을 입은 채 수련회 장소로 달려오는 것이 이해되지 않았다. '분명 입시 준비로 바쁠 텐데 어떻게 저런 마음의 여유가 있지?'라고 생각했다.

그런데 그들의 나눔을 듣는 순간, 중학교 1학년이었던 나는 충격을 받았다. 자신의 비전과 삶, 그리고 앞으로 어떻게 쓰임받고 싶다는 그들의 고백은 어린 나의 마음을 복잡하게 했다. 대학 입시라는 무거운 짐이 있음에도 집회를 사모하는 그들의 마음은 내게 도전을 주었고, 통성 기도라는 것도 처음 해보면서 많은 것을 느꼈다. 놀랍게도 나는 그 수련회를 통해 주님을 인격적으로 만나게 되었고, 내 인생 처음으로 신앙에 대해 진지한 고민을 하기 시작했다.

그러다가 나도 수험생이 되었다. 나는 입시 때문에 참 많은 어려움을 겪었다. 고등학교 시절 정말 열심히 공부했고 신앙생활도 착실히 했지만, 원하는 대학의 문을 한 번에 열고 들어가지 못했다. 내게는 광야와도 같은 훈련 시간이 부여되었고, 어렵사리

서강대학교 경제학부에 진학하게 됐다.

·· 대학 생활과 헌신

서울로 상경하게 된 나는 첫 자취방으로 신수동에 있는 한 옥탑방을 얻었다. 나는 '성경'과 '민법총칙'을 가방에 넣고 서울로 향했고, 어렵게 진학한 만큼 시간을 잘 사용하고 싶었다. 그렇게 나는 유리창 하나 없는 방에서 '성경'과 '민법총칙'을 읽으며 꿈을 키웠다.

매일의 일상을 고시 준비로 보내던 내게 하나님은 연희교회 청년부 '예수가족'이라는 공동체를 만나게 하셨다. 당시 나는 친구들을 따라 유명한 교회들을 방문했으나, 왠지 모르게 마음이 열리지 않았다. 그러다가 연세대학교 서문에 위치한 연희교회를 찾아가게 되었다.

연희교회 청년부를 방문하기 전, 내게는 선입견이 있었다. '아무래도 대학가에 있는 교회다 보니, 신촌에 있는 대학교 학생들이 많겠지.' 그런데 가자마자 내 생각이 빗나갔음을 알게 됐다. 그곳에는 정말 다양한 사람들이 모였다. 이른 나이에 직장에 들어가 전투적으로 생활하는 직장인, 쉽지 않은 가정 환경 가운데 신앙생활 하는 친구, 정말 바쁜 일정에도 공동체를 섬기기 위해 헌신하는 선배들. 나는 그 순간 '그동안 뭘 하고 살았나'라는 생각을 하게 됐다. 특히 그들이 외치는 구호는 나의 열정을 들끓게 했다.

"하나님 나라를 이 땅 위에!"

"제자가 되고 공동체를 이루어 세상을 변화시키자!"

예수님을 인격적으로 만났던 중학교 1학년 때 수련회 주제가 "레츠 체인지 더 월드"였는데, 그들은 좀 더 확장된 표현으로 세상의 변화를 외치는 것이었다. 사실 나는 입시의 어려움 때문에 주일에만 교회를 나가고 주중에는 사법고시 준비만 할 생각이었다. 입시의 어려움을 딛고 상경했기 때문에 이런 마음도 있었다.

'이 정도 고생했으니 공부에만 집중하자.'

그러나 선후배들이 함께 모여 "하나님 나라를 이 땅 위에"라고 외치는 모습에 그동안 껍데기 신앙만 가졌던 내 모습을 회개하게 됐고, 처음으로 '신앙이 이런 것이구나' 느끼게 됐다. 또한 함께 섬기던 이들의 성장을 보며 참으로 기쁜 감정을 느꼈는데, 그것이 계기가 되어 지금의 내가 되었다.

… **너는 우리의 자랑**

바울도 데살로니가 교회 성도들의 성장을 보며 기쁘고 자랑스러웠을 것이다. 그들이 '믿음의 본'이 되었고 "믿음이 더욱 자라고 너희가 다 각기 서로 사랑함이 풍성함"이라고 했던 말은 그냥 나온 말이 아니다. 사실 바울은 데살로니가 지역에서 3주 정도 밖에 머물지 않았다. 그래서였는지 바울은 초신자가 대부분이던 그들의 믿음이 자라는 것을 보고 기뻐했다.

우리가 친히 자랑하노라(살후 1:4).

이 말은 최고의 칭찬이자, 과거에 전도여행 때 오랜 시간을 함께 보내지 못한 미안함과 아쉬움이 담긴 말이기도 하다. 그러나 이제 그들은 바울이 뿌린 복음으로 자라서 바울의 자랑이 되었다.

사람은 누구나 어린아이와 같이 성숙하지 못한 신앙을 가질 때가 있다. 또한 예상치 못한 환난으로 인해 신앙생활을 한동안 잊고 살 수도 있다. 하지만 중요한 사실은 그런 시간을 뒤로하고 지금 이 순간 주님 앞에 나아가기 위해 노력하고 있다는 점이다. 지금 이 책을 붙들고 읽으면서 영적 성장을 위해 씨름하고 있는 당신의 모습을 주님이 칭찬하실 것이다.

비록 삶의 자리가 벅차 예전과 같은 믿음이 없는 것처럼 보여도, 하나님은 지금 이 순간에도 우리를 자라나게 하신다. 내가 연약해 기도할 수 없을 때, 누군가를 통해 기도하게 하시고 주님의 품으로 돌아갈 수 있도록 인도하시는 분이 하나님이시다. 따라서 주눅 들 필요가 없다. 바울이 데살로니가 교회 성도들을 자랑했던 것처럼, 우리도 누군가의 자랑이다. 고개 숙이고 힘들어하기보다, 당당하게 복음으로 회복되는 시간을 가져 보자. 하나님은 당신의 이 결단을 기뻐하시고, 이 순간 찾아와 이렇게 위로하신다.

"너는 우리의 자랑이란다."

은혜의 발자국

1. 자신도 모르게 움츠러들어 믿음을 의심해 본 적이 있다면 언제인지 이야기해 봅시다.

2. 지금 현재는 비록 고난과 환난 때문에 마음이 무거운 상태일지 몰라도, 나를 자랑으로 여기시는 주님의 따뜻한 목소리에 반응하기 위해 무엇을 결단해야 할지 생각해 봅시다.

믿음의 기도

주님! 믿음을 지켜낸다는 것이 정말로 쉽지 않지만, 그럼에도 나를 자랑으로 여기시는 주님 앞에 다시금 회복되는 모습으로 설 수 있도록 인도하여 주옵소서.

8.
하나님의 평강이
너를 지키실 거야

아무것도 염려하지 말고 다만 모든 일에 기도와 간구로,
너희 구할 것을 감사함으로 하나님께 아뢰라 그리하면
모든 지각에 뛰어난 하나님의 평강이 그리스도 예수
안에서 너희 마음과 생각을 지키시리라(빌 4:6~7)

·· 염려와 걱정

  염려와 걱정이 일상인 사람이 있다. 그 사람은 발생할 수 있는 모든 문제를 생각하다 보니, 도전과는 거리가 먼 삶을 산다. 새로운 것을 시도할 엄두도 못 내고, 머리로만 생각하다가 그칠 뿐이다. 발전도 없고 삶의 만족도 없다. 자유로운 삶은 머리로만 동경할 뿐 염려에 파묻혀 문제를 해결할 생각은 하지 않는다. 결국 다른 이를 돌아볼 겨를도 없다.

  많은 이들이 염려로부터 자유로운 삶을 꿈꾼다. 그러나 먹고 사는 문제, 진로 문제, 결혼 문제, 사회생활과 관련된 문제 등 염

려에서 자유로워지는 것이 쉽지 않다. 대부분은 염려에 매여 산다고 해도 과언이 아니다. 안타깝게도 문제 해결을 하지 못하는 날들이 다반사다 보니, 매일 답답함 속에서 그 삶을 수긍하기 바쁘다. 결국 내 안의 기쁨은 사라지고, 왜 답답한지도 모르는 상황 속에서 살아간다. 이것이 이 시대를 사는 현대인의 모습이다. 바울은 어땠을까?

바울이 놓인 상황을 생각해 보면, 그는 염려 속에 파묻혀 있어야 했다. 그런데 그는 자유가 아닌 구속의 상태에서 빌립보 교회 성도들을 향한 기쁨의 글을 썼다. 자유롭지 못한 상태에서 누군가를 걱정하면서 위로의 편지를 쓰는 것이 상식적으로 가능한 일일까. 어려운 일이다. 그럼에도 바울은 감옥에서 '기쁨의 서신'으로 불리는 빌립보서를 썼다. 그것은 적어도 그가 오지랖이 넓어서 행한 일이 아니다. '자기 코가 석 자'인데 누군가를 걱정하는 글을 쓴다는 것은 영혼을 사랑하는 마음이 없으면 불가능하다.

물론 바울은 세상 지식을 많이 가진 사람이었다. 그는 학문에 능통했고, 자기 상황도 객관화시킬 수 있는 능력을 갖췄다. 하지만 세상 지식이 많다고 사랑이 넘치는 기쁨의 글을 쓰는 것은 아니다. 오히려 냉소적일 때가 많은데, 바울은 그런 삶을 뛰어넘었다. 그 이유는 바울 안에 복음이 있었기 때문이다.

·· 기도와 간구로 감사함으로

 바울은 "아무것도 염려하지 말고"라는 말로 염려로부터의 자유를 선포했다. 그는 '기도와 간구'로 나아가는 것이 문제 해결의 근본임을 알았기에, 일할 때 자기 힘을 의지하지 않았다. 뛰어난 능력을 갖고 있었음에도, '기도와 간구'로 나아갔다. 철저하게 하나님을 의지하는 자만이 할 수 있는 모습이다. 믿음과 신뢰 관계가 형성되어 있지 않다면, 사람은 하나님께 결코 기도하지 않는다.
 또한 바울은 구할 때, '감사함'으로 하나님께 아뢨다. '감사'가 나올 수 없는 상황이었음에도 그는 감사했다. 이 같은 행동은 그에게 '하나님의 평강이 예수님 안에서 마음과 생각을 지키신다'는 확신이 있었기 때문이다. 그는 '하나님의 평강이 염려를 이긴다'는 진리를 아는 자였기에, 어떤 상황에서도 자족하고 평강 안에 거하는 고수의 삶을 살 수 있었다.
 많은 사람들이 자기 삶이 평안하길 소망한다. 그들이 말하는 평안한 삶은 '고통'과 '염려'가 없는 삶이다. 그러나 바울이 말하는 평강은 상황 자체를 부정하는 것이 아니다. 삶의 자리에 고통과 염려가 있더라도, 모든 일에 '기도와 간구'로, '감사함'으로 하나님께 아뢰는 삶을 살면, 하나님이 주시는 참 평강을 누리게 된다는 것이다.
 결국 바울에게 있어 참 평강을 주시는 분은 하나님이시고, 자신은 그저 그것을 누리는 피조물이라고 생각했기에 어떤 상황 속에서도 자족할 수 있었다. 그렇다고 그는 현실을 부정하지 않았으며, 오히려 있는 상황을 빨리 받아들였다. 또한 자신이 해결할 모든 문제를 하나님께 아뢰는 것이 기본이라 생각했기에, 상황과 상관없이 하나님이 주시는 참 평강을 누릴 수 있었다.

·· 하나님의 평강

오늘날 성도에게는 바울이 말하는 이 비밀이 필요하다. 내가 어떤 상황에 있든지 그 상황과 환경이 단번에 바뀌는 일은 드물다. 아무리 발버둥 쳐도 작은 변화도 일어나지 않을 때가 많다. 보통은 문제에 매몰되어 주님이 주시는 평강은 잊은 채 매 순간 "정신없다"는 말로 자신의 상태를 합리화하며 살아간다. 여기서 벗어나려면 문제 해결의 주체를 하나님으로 바꾸고, 매 순간 하나님 앞에 기도하며 나아가야 한다. 그때 하나님이 주시는 평강을 온전히 누리게 된다.

뭐든 내 힘으로 할 수 있다고 생각하는 사람은 결코 하나님이 주시는 참 평강을 알 수 없다. 이런 사람은 자기 생각에 고립되기 쉽고, 자기 논리에 빠져 분별력을 가지지 못하고 산다. 이것은 하나님이 원하시지 않는 모습으로, 지혜로운 자의 모습이 아니다.

그러므로 우리는 하나님을 의지해야 한다. 하나님을 의지하는 사람만이 하나님이 허락하시는 평강과 기쁨을 누린다. 이것은 진리다. 아무리 주변에서 기도해야 한다고 말을 해도 기도의 능력을 경험해 보기 전까지는 이 말이 귀에 들어오지 않는다. 하지만 이것저것 다 해봤는데 답을 찾지 못한 사람이 있다면, 지금 이 순간 주님께로 나아가 엎드리자. 간절하게 엎드려 나아가는 그 마음을 주님이 아시고 반드시 위로하실 것이다.

오늘 하루도 학업과 일로 지쳐 참 평강을 모르고 하루를 보낸 사람이 있다면, 지금 그 자리에서 조용히 무릎을 꿇고 하나님께 나아가자. 세상이 줄 수 없는 위로를 맛보게 될 것이고, 근심과 염려가 사라지는 기적을 맛보게 될 것이다.

하나님을 의지하는 순간 모든 것이 해결된다. 이런 사람은 삶이 단순하다는 것을 느낀다. 하지만 여전히 삶이 복잡하다고 느끼는 사람들이 있다. 그것은 여전히 나를 의지하기 때문이다. 이 비밀을 빨리 깨닫는 자는 조금 더 빨리 하나님이 주시는 평강을 누릴 수 있다. 염려와 걱정에서 벗어나 하나님이 주시는 평강의 비밀을 온전히 누리자. 그것이 우리가 가야 할 길이다.

은혜의 발자국

1. 내 안에 여전히 남아 있는 근심과 염려가 있다면 무엇인지 생각하고 적어 봅시다.

2. 하나님이 주시는 참 평강을 누리기 위해 내가 감사함으로 기도해야 할 제목은 무엇이며, 이를 위해 무엇을 결단하겠습니까?

─── 믿음의 기도 ───

주님! 내 안에 남아 있는 근심과 걱정이 사라지도록 기도와 간구로 주님 앞에 나아가오니, 주님 허락하시는 참 평강을 온전히 누리며 살아가는 주님의 자녀가 되게 하여 주옵소서.

2부

상상해,
너무 멋지지 않니?

9. 그리스도의 편지임을 기억해

> 너희는 우리로 말미암아 나타난 그리스도의 편지니 이는 먹으로 쓴 것이 아니요 오직 살아 계신 하나님의 영으로 쓴 것이며 또 돌판에 쓴 것이 아니요 오직 육의 마음판에 쓴 것이라(고후 3:3)

·· 손으로 쓴 편지

  손으로 쓴 편지는 휴대폰 메시지와는 다른 깊은 울림이 있다. 한 사람의 필체는 마치 그의 얼굴을 보는 것 같아서, 필자의 인상과 마음까지도 느끼게 한다. 이처럼 정성들여 쓴 편지는 받는 사람의 마음을 따뜻하게 하고, 잊었던 감성까지도 불러일으킨다. 그렇기에 정성들여 쓴 편지 한 통이 주는 힘의 크기는 상당하다.

  바울이 쓴 '손 편지'에는 한 영혼을 살리기 위한 진심과 전심이 남겨 있다. 바울의 편지를 보는 순간 독자는 바울의 인상과 마음을 읽게 되고, 자연스럽게 그가 말하고자 하는 방향으로 움직이게 된다. 바울은 사랑하는 마음을 담아 고린도 교회 성도들에게 이 편지를 썼다.

당시 고린도 교회는 거짓 사도들로 인해 큰 어려움을 겪고 있었고, 바울 자신도 사도권을 변호해야 했기에 바람 잘 날이 없는 일상을 보내야 했다. 하지만 바울은 이런 상황 속에서도 고린도 교회 성도들에게 "너희는 우리로 말미암아 나타난 그리스도의 편지"라고 말하며, 그들을 마음으로 품었다. 이 표현은 '너희는 그리스도께서 보증하는 추천서와 같은 자들'이라는 뜻으로, 바울은 그들을 너무나 사랑하고 신뢰했기 때문에 이와 같은 편지를 쓰게 된 것이다.

그만큼 바울은 고린도 교회 성도들을 사랑하고 아꼈으며, 마음을 다해 그들을 축복했다. 이는 그리스도의 몸 된 교회를 향한 사랑과 한 영혼을 섬기는 마음이 없이는 불가능하다. 결국 바울의 편지는 고린도 교회 성도들에게 '그리스도의 편지'라는 정체성을 심어 주었으며, 이것은 그들의 삶에 큰 위로와 격려가 되는 말이었다.

이처럼 마음을 담아 쓴 글에는 힘이 있다. 한 영혼의 삶을 돌아보게 하고, 지쳐 있는 마음에 내리는 단비와도 같다. 그렇기에 아무리 바쁘고 힘들어도 마음을 담아 글을 보낸다면, 방황하는 영혼들을 살릴 수 있다. 우리에게 필요한 것은 바로, 마음을 담은 글에 배어 있는 진실된 관심이다. 진심(眞心)과 전심(全心)으로 한 영혼에게 관심(關心)을 가질 때, 수심(愁心)에 잠겨 있던 영혼의 삶에 평심(平心)이 찾아오게 될 것이다. 관심보다 큰 사랑은 없다.

·· 내가 그리스도의 편지?

고린도후서 3장 3절을 묵상하다가 '내가 그리스도의 편지라는 사실이 말이 돼?'라는 생각을 한 적이 있다. 매일 찌들려 사는 일상 속에서 내가 주님의 메신저로 살아야 한다는 것이 무겁게 느껴진 것이다. 매일 광야와 같은 삶을 사는 내가 그리스도께서 보증하시는 추천서와 같다니, 기쁨보다는 부담감이 컸다.

그러던 어느 날 미국의 전도자 폴 워셔 Paul Washer 가 목회자들을 대상으로 "내가 그리스도의 대사 ambassador 라는 사실이 말이 되지 않는다"라며 절규하던 설교를 듣게 됐다. 나는 그 설교를 들으면서 한동안 먹먹해서 아무 반응을 할 수 없었다. 그 절규는 내 마음을 그대로 대변하고 있었고, 나 역시 동일한 생각에 사로잡혀 있었기 때문이었다. 어떻게 죄인인 자가 그리스도의 대사가 되어, 그리스도의 마음을 대신 전하는 역할을 할 수 있다는 말인가.

분명한 사실은 내가 자격이 되어서 '그리스도의 편지'로 사용되는 것이 아니라는 것이다. 나는 무자격자이지만, 하나님이 우리들의 마음판에 이 사실을 새겨 넣으셨기 때문에 그렇게 사는 것뿐이다. 이것은 내가 거부한다고 거부할 수 있는 문제가 아니다. 내가 하기 싫다고 중단할 수 있는 문제도 아니다. 이것이 나의 정체성이자 하나님이 내게 부여하신 사명이기에, 그것을 소명으로 받아들이고 감사함으로 반응해야 한다. 바로 내 존재가 '그리스도의 편지'임을 감사함으로 받아들이는 것, 그것이 변화를 위한 첫걸음이다.

·· 감사와 기쁨으로

감사하게도 하나님이 귀한 시간을 허락하셔서 미국에서 1년간 머물던 때가 있었다. 그때 여러 미국 교회를 다니며 느낀 점이 있다. 모든 교회가 그런 것은 아니지만, 그들이 드리는 예배에는 기쁨과 환희가 넘쳤다. 기쁨을 숨기지 않고 새로운 사람들을 반갑게 맞이하는 그들의 모습을 보며 깊은 인상을 받았다.

한번은 샌프란시스코의 '리얼리티Reality SF' 교회를 방문했다. 2024년 기준으로 개척한 지 14년 된 교회였다. 브라질 출신 형제와 인사를 나누고 예배를 드렸는데, 기도 시간에 그 형제가 내게 다가와 팔을 잡고 진심으로 기도해 주었다. 처음 보는 사람을 위해 진심으로 기도하는 모습을 통해 '이것이 바로 그리스도의 사랑을 전하는 대사가 해야 할 일이 아닐까' 하는 생각을 하게 되었다. 자신의 상황과 관계없이 하나님이 주시는 기쁨을 전하려는 그 모습이 큰 은혜로 다가왔다. 적어도 그곳에서 만난 사람들은 자신이 '그리스도의 편지'라는 사실을 무겁게 여기기보다 감사와 기쁨으로 받아들이고 행복으로 승화시키고 있었다.

그러나 안타깝게도 많은 이들은 자신이 그리스도의 편지라는 사실에 부담감을 느끼며 살아간다. 물론 쉬운 일은 아니지만, 그렇다고 어렵게 생각할 문제도 아니다. 주님이 우리의 정체성을 명확히 해주셨으니 감사함으로 누리면 되는 것이다. 이를 위해 우리가 하는 공부, 일, 그리고 맡은 모든 것에 감사함으로 응답하며 살아가면 되는 것이다.

주님이 마음판에 새겨 주신 정체성을 붙들고 사는 순간, 두려움은 사라지고 '새로운 창조물'로 부름받은 당신의 가치는 하나님이 드러낼 것이다. 중요한 것은 내가 '그리스도의 편지'라는 사실을 받아들일 수 있느냐에 관한 문제다. 만일 이 사실을 가슴으로 받고 순종하면서 살면, 좀 더 힘차고 당당한 삶을 살 수 있지 않을까.

당신은 오늘도 '그리스도의 편지'로 복된 소식을 전하기 위해 부름받은 사명자다. 당신이 가는 곳마다 당신으로 인해 행복한 기운이 넘쳐날 것이고, 당신이 그곳에 도착하는 순간 기쁨이 넘쳐나게 될 것이다. 내 삶의 문제가 해결되지 않아도 상관없다. 나를 통해 일하시기 원하시는 하나님의 뜻이 다른 이의 삶으로 연결되기만 해도 당신은 하나님이 맡기신 역할을 다한 것이다. 주님도 이런 당신을 위로하시며 칭찬하실 것이다.

오늘도 어깨를 활짝 펴고, '그리스도의 편지'라는 놀라운 사명을 받은 자답게 살자. 자격 없는 자인 나에게 사명 주신 분은 주님이시기에, 그 사명 붙잡고 믿음으로 사는 주님의 자녀가 되기를 함께 꿈꾸며 소망하자.

은혜의 발자국

1. 아무 자격 없는 나를 택하시고 성령님이 내 마음판에 그리스도의 편지라고 새기셨다는 사실을 알게 됐을 때, 무엇을 느끼셨습니까?

2. '그리스도의 편지'는 그리스도인의 정체성입니다. 이 같은 정체성을 온전히 지켜 나가기 위해 무엇을 결단하겠습니까?

믿음의 기도

주님! 힘들고 어려운 하루를 보내지만, 다시 한 번 내가 '그리스도의 편지'라는 사실을 기억하며, 사명자로 사는 하루가 되게 하옵소서.

10.
나의 사랑하는 자여, 함께 가자

> 내 사랑하는 자는 노루와도 같고 어린 사슴과도 같아서
> 우리 벽 뒤에 서서 창으로 들여다보며 창살 틈으로
> 엿보는구나 나의 사랑하는 자가 내게 말하여 이르기를
> 나의 사랑, 내 어여쁜 자야 일어나서 함께 가자(아 2:9~10)

사랑이란?

 '사랑'이라는 단어에 대해 얼마나 깊이 생각하면서 사는가?
 바쁜 생활을 하다 보니, 사랑이라는 단어를 생각하면서 상대방과 마주하기에는 왠지 모를 오그라드는 감정이 들 때가 있다. 가끔은 너무 큰 사랑을 이미 받았음에도, 그 사랑에 감사하지 못하는 자신의 모습이 어리석게 보일 때도 있다. 하지만 당신은 이미 하나님 앞에서 '어여쁜 자'요 사랑받아야 할 존재다. 바쁜 일상에 치여 그 분명한 사실을 잊고 사는 데 익숙해진 것은 아닐까? 아니면 너무나 당연한 사랑이라 생각해 그 중요성을 잊은 것

은 아닐까?

이유가 무엇이든, 사랑 없는 삶을 산다는 것은 슬픈 현실이다. 무엇이 우리 기억 속에서 '사랑'이라는 단어를 낯설게 만들었을까? 기억하고, 생각하고, 감사하며 살기에도 바쁜 세상에서, 사랑이라는 소중한 것을 잊고 사는 내 모습이 안타깝기까지 하다. 왜 우리는 사랑을 망각하며 살아갈까? 사랑을 먹고 살아야 할 존재가 사랑을 잊으니, 삶의 기쁨과 소중함, 존귀함을 잊고 사는 것도 당연해졌다. 이보다 더 서글픈 일이 있을까?

분명 사람은 서로 사랑하고 사랑받아야 할 존재이다. 태초에 하나님이 천지를 창조하셨을 때부터 이 사실은 변함이 없으며, 이 관계 안에 거하는 것이 정상이다. 따라서 삶이 정상적인 관계 안에서 이루어지기를 바란다면, 사랑이라는 단어를 낯설게 여겨서는 안 된다. 많이 사용할수록 더 행복해지는 것이 사랑이라는 단어의 신비임을 잊지 말자.

·· **말하지 않아도 알아요?**

미국 생활을 할 때, 집 근처 도서관에서 화요일마다 영어 공부를 했다. 당시 영어 회화 소그룹을 이끌던 사서 레티$_{Leti}$ 아주머니와 대화를 나누며 사람마다 사랑을 표현하는 방식에 큰 차이가 있음을 알게 됐다. 그녀는 안아 주고, 입맞춤하고, 격려하는 것이 어릴 때부터 자연스럽게 몸에 밴 습관이라고 했다. 그것은 그녀가 살아온 문화이자 삶 그 자체였다. 그래서인지 레티 아주머니는 대화할 때 항상 경청하며 아낌없는 표현으로 내가 편하게 이야기할 수 있도록 도와주었다. 문법이 틀리든, 말을 잘 못하든 상관없다는 분위기 덕분에 나도 더욱 편하게 대화를 나눌 수 있었다.

반면, 나는 대부분의 시간을 경직된 문화 속에서 보냈다. 내가 자란 문화에서는 "사랑해"라는 표현을 자주 쓰지 않았다. 특히 경상도 집안에서는 "알제?"라는 말 한마디로 모든 대화가 정리되곤 했다. 물론 그렇게 말한다고 해서 상대방의 마음을 모르는 것은 아니다. 그 말 속에는 분명 '정'이라는 것이 담겨 있지만, 조금 더 살갑고 밝게 표현하는 방식을 배웠더라면 어땠을까 하는 아쉬움이 남는다.

그래서 자녀는 다르게 키우고 싶었지만, 나도 한 번에 바뀌지는 않았다. 연습과 훈련이 필요했다. 그래서 의식적으로 "사랑한다"라는 표현을 하기 시작했는데, 어느 날부터 아들이 자기 전에 다가와 "아빠 사랑해"라고 말하는 것이었다. 막상 그 표현을 듣고 나니, 표현의 소중함을 깨달았다.

과거에 "말하지 않아도 알아요"라는 초코파이 광고 때문에 '표현하지 않아도 마음은 통하는구나'라고 착각했던 적이 있다. 하지만 그 광고를 자세히 다시 보니, 편지와 함께 마음을 담은 초코파이를 선물했기에 진심이 전해졌다는 것을 알 수 있었다.

표현하지 않으면 마음은 전해지지 않는다. 표현해야 자기 마음을 전할 수 있고, 다정한 표현이 더해질 때 상대방의 마음도 열린다. 결국 표현은 사람의 감정을 드러내는 통로이자 마음을 잇는 다리이다.

·· 일어나 함께 가자

본문에 등장하는 술람미 여인은 솔로몬의 음성을 정확히 기억했고, 그가 자신에게 오기를 간절히 바랐다. 그녀는 창살 틈으로 솔로몬이 오기를 기다렸다. 이에 솔로몬도 "나의 사랑, 내 어여쁜 자야, 일어나서 함께 가자"라고 고백한다.

사실 솔로몬은 하나님께 너무도 큰 사랑을 받은 사람이다. 우리는 그를 지혜로운 왕으로만 기억하지만, 그는 하나님께 큰 사랑을 받은 존재였다. 그래서 그가 구했던 '듣는 마음'을 하나님이 허락하셨고, 그는 자신이 사랑받고 있음을 깨달았다. 이처럼 사랑을 받은 사람은 그 받은 사랑을 자연스럽게 흘려보내는 힘을 얻게 된다.

특히 솔로몬이 술람미 여인에게 "함께 가자"라고 한 말은 그가 하나님께 자주 들었던 말이었을 것이다. 솔로몬은 그 말의 위대함을 알았기에 술람미 여인에게도 "함께 가자"라고 권할 수 있었나. 그는 동행하시는 하나님이 얼마나 큰 위로가 되는지 알았다. 또한 그는 "바위 틈 은밀한 곳"에 있어도 하나님이 자신을 홀로 두지 않으신다는 것을 알았다. 그랬기에 그는 받은 사랑을 표현하는 사람으로 성장할 수 있었을 것이다.

감사하게도 하나님은 당신에게 "함께 가자"라고 말씀하신다. 힘들고 지쳐 낙망하는 당신에게 찾아와 "같이 가자"라고 말씀하신다. 항상 외로움에 파묻혀 혼자인 줄만 알았는데, 내게 찾아오시고 함께하신다고 말씀하시니 이보다 더 큰 축복이 있을까? 그러므로 '임마누엘'이란 말은 참 위대한 말이다. 한 영혼을 외로이 두지 않으시고, 함께함으로 동행하신다는 것을 알게 하기 때문이다.

이처럼 우리 주님은 이 위대한 고백을 몸소 보이시고자 이 땅 가운데 오셨다. 나를 살리시기 위해 "함께 가자"고 하시며 사랑한다고 말씀하신다. 또한 임마누엘이신 주님이 오늘도 함께하겠다고 하시며 조용히 내 어깨를 두드리신다. 상상만 해도 기쁜 일이다.

그래서 사랑을 정의할 때 반드시 필요한 말이 '동행'이다. 동행은 최고의 위로다. 기쁠 때나 슬플 때나 힘들고 어려울 때, '동행'하시는 주님의 위로가 있기 때문에 당신은 외롭지 않다. 어깨가 무거워 아무것도 할 수 없다는 생각이 들어도, 동행하시는 주님이 당신 옆에 계신다. 그리고 이렇게 말씀하신다.

"나의 사랑, 나의 어여쁜 자야, 일어나 함께 가자."

"함께 가자"라는 주님의 제안 앞에 성도는 순종으로 반응해야 한다. 이 세상이 주는 어떤 기쁨도 주님이 긍휼한 마음으로 말씀하시는 "함께 가자"라는 제안보다 클 수 없다. 힘들고 지쳐 낙망하고 넘어지고 싶을 때, 당신을 향해 "나의 사랑, 나의 어여쁜 자야"라고 부르시는 주님의 음성을 들었다면, 다시 어깨를 활짝 펴자. 하나님이 부으시는 놀라운 역사를 경험하게 될 것이다.

은혜의 발자국

1. 주님의 사랑을 갈망하며, 매일 주님과 동행하기 위해 어떤 노력을 하고 있습니까?

2. "나의 사랑, 나의 어여쁜 자야, 일어나 함께 가자"라는 주님의 부르심 앞에 내가 보여야 할 반응은 무엇입니까? 하나님과 함께 가는 자만이 누리는 은혜가 있었다면 말해 보고, 앞으로 주님과의 동행을 위해 무엇을 준비하겠습니까?

――――― 믿음의 기도 ―――――

주님! 나를 향해 "나의 사랑, 나의 어여쁜 자"라고 불러 주시는 주님께 감사드리며, 매 순간마다 주님과 동행하는 하루가 되게 하여 주옵소서.

11.
너는 내 소유,
거룩한 존재란다

> 세계가 다 내게 속하였나니 너희가 내 말을 잘 듣고 내
> 언약을 지키면 너희는 모든 민족 중에서 내 소유가 되겠고
> 너희가 내게 대하여 제사장 나라가 되며 거룩한 백성이
> 되리라 너는 이 말을 이스라엘 자손에게 전할지니라
> (출 19:5~6)

·· 부정적인 말

쉽게 부정적인 말을 하거나, 출신을 따지거나, 자신의 상황을 합리화하며 다른 사람 탓만 하는 사람과 함께 있으면 좋지 않은 영향을 받는다. 이런 사람들과 함께 일하면 자신의 존재 가치가 깎이게 되는 경우가 많다. 피해 의식 속에서 사는 사람은 새로움을 추구하려는 포부나 의지 없이 그저 하루하루를 보내고 만다. 이런 부정적인 바이러스는 자신도 모르는 사이에 깊이 스며들어 자신의 존재 가치를 부정하게 하고, 자신이 하나님이 지으신 거

룩한 창조물이라는 사실을 잊게 만든다.

논리적인 설명, 당위적인 이유, 향후 나아갈 방향에 대해 이야기를 해도 성공할 수 있을지 미지수다. 하지만 부정적인 말은 이 모든 것을 원점으로 돌려버린다. "안 될 텐데……"라고 말하는 문화가 팽배해진 조직 안에서는 내가 거룩하고 가치 있는 존재라는 사실을 느끼기가 어렵다. 과연 하나님은 우리에게 이런 모습을 바라실까?

사실 출애굽 한 이스라엘 백성의 모습을 보면서 느끼는 것이 있다. 하나님이 그들을 종의 신분에서 해방시켜 주셨지만, 그들은 하나님이 주신 자유를 방종으로 오해해 다시 애굽 사람을 섬기려 하는 어리석음에 빠지게 됐다는 것이다. 애굽 사람을 섬기는 것이 광야에서 죽는 것보다 낫겠다고 말하는 그들에게서 하나님이 기쁘게 여기실 만한 모습은 찾아볼 수가 없다(출 14:12).

·· 성도의 존재 가치

하지만 하나님은 모세를 통해 그들의 종 된 신분을 벗기시고, 그들이 '제사장 나라'와 '거룩한 백성'이 된다는 축복의 말씀을 주시며, 어리석은 그들을 통해 하나님의 놀라운 역사를 이어 가고자 하셨다. 여기서 '제사장 나라'는 '하나님께 예배하는 백성'을 의미하며, '거룩한 백성'은 '선택받은 백성으로 부름받았다'는 뜻이다. 그러므로 이스라엘 백성은 더 이상 애굽의 종이 아니며, 하나님이 구원해 내신, 하나님의 통치 안에 거하는 선택받은 백성이다.

이처럼 하나님은 자신의 존재 가치를 모르는 자들에게 그들이 하나님이 택하신 '제사장 나라'와 '거룩한 백성'이라는 사실을 깨닫게 하셨다. 이로 인해 이스라엘 백성은 '종'이라는 정체성에서 벗어나 '하나님의 거룩한 백성과 나라'라는 사실을 알게 됐다. 이로써 이스라엘은 더 이상 다른 누구의 통치가 아니라, 하나님의 통치 안에 거하는 백성이라는 정체성을 가지고 살아가는 영광을 누리게 됐다. 천지 만물을 창조하시고 세상을 통치하시는 하나님의 백성으로 사는 일은 그 어떤 축복보다도 고귀하다.

그런데 오늘을 사는 성도들은 '제사장 나라'와 '거룩한 백성'이라는 정체성을 잊은 채로 사는 경우가 많다. 세상이 정한 가치 기준에서 벗어나지 못해, 세상의 것들로 자신의 삶을 채우려는 어리석은 모습이 여전히 남아 있지 않은지 생각해 봐야 한다. 분명한 사실은 하나님이 당신을 '제사장 나라'와 '거룩한 백성'으로 삼으시고 지금도 여전히 당신을 가장 존귀하게 여기신다는 것이다. 비록 지금의 상황이 힘들지라도 하나님의 택한 백성으로 존재하고 있다는 것 자체가 존귀한 일임을 기억해야 한다.

·· 존재 가치의 판단 기준

과거에 회사 생활을 할 때 가장 힘든 시간이 회식 시간이었다. 술자리 문화는 여전히 부담스러웠고, 그 안에서 그리스도인의 정체성을 지키면서 사는 것은 쉬운 일이 아니었다. 이 문제로 핀잔도 들었고, 조언을 빙자한 꾸중도 들었다. 그때마다 나는 그리스도인의 정체성을 지키는 것이 중요하다는 사실을 마음에 담은 채 겨우 버티면서 시간을 보냈다.

그러던 어느 날 옆 부서 차장님이 내게 오시더니, 자신도 그리스도인이라고 하시며 속마음을 보이셨다. 사실 직장 동료와 선후배가 그리스도인인지 여부를 아는 것은 쉬운 일이 아니다. 한 명이라도 나와 비슷한 뜻을 가진 사람이 있다면 그리스도인다움을 드러내기가 좀 더 편할 수 있을 것이다. 하지만 그것조차도 용기가 필요한 일이기에 적당히 타협하면서 사는 경우가 많다. 그런데 그분이 먼저 다가오셔서 그리스도인으로 살지 못하는 자신의 모습을 고백하던 순간 나는 많은 생각에 휩싸이게 됐다.

내가 한 일은 그저 술을 마시지 않았던 것뿐인데, 주변 사람들은 나를 그리스도인으로 구별해 바라보았다. 그리고 그런 나를 답답한 사람, 조직 생활에 어울리지 않는 사람이 아니라, 함께 이야기를 나누고 속마음을 나눌 수 있는 후배이자 동기, 선배로 여겼다는 사실이 신기했다. 또한 하나님은 그런 삶을 통해 복음을 전할 수 있는 계기를 마련하셨고, '제사장 나라'를 사모하며 '거룩한 백성'으로 사는 것이 귀한 일임을 깨닫게 하셨다. 결국 나의 정체성을 지키려 했던 행동은 복음 전파를 위한 작은 씨앗이 되어, 하나님 나라의 가치를 세상에 알리는 마중물이 됐다.

사실 나의 존재 가치의 기준은 세상의 인정이 아니라 하나님의 주권이다. 만약 세상이 정한 가치 기준 때문에 우울해하거나 무너져 있다면, 하나님이 두 팔 벌려 나를 기다리고 계심을 기억하라. 지금 그 자리에서 일어나 주님께로 나아가자. 자신의 골방에서 주님을 만나도 좋고, 예배당에 나가 기도해도 좋고, 일터에서 주신 소명을 기쁨으로 감당해도 좋다.

분명한 사실은 세상의 어떤 가치 기준도 당신의 존재 가치를 재단할 수 없다는 것이다. 오직 나를 판단할 수 있는 분은 하나님뿐이시다. 하나님이 나를 부르시는 호칭 안에 내가 누구인지가 녹아 있음을 잊지 말라. 당신은 누가 뭐라고 하든 너무나 존귀한 존재이며, 너무나도 거룩한 하나님의 백성이다.

은혜의 발자국

1. 최근 나의 존재 가치를 부정하며, 어리석은 말로 주변을 부정적인 영향에 빠트리게 했던 적이 있습니까?

2. "너희가 내게 대하여 제사장 나라가 되며 거룩한 백성이 되리라" 말씀하시는 주님의 부르심 앞에 내가 앞으로 보여야 할 행동은 무엇입니까? 세상 기준에 메여 사는 인생이 아니라, 하나님의 기준에 맞춰서 사는 삶을 살기 위해 무엇을 결단하겠습니까?

믿음의 기도

주님! 나를 향해 너는 거룩한 존재라고 말씀해 주셔서 진실로 감사드립니다. 오늘 하루도 주님이 세우신 거룩한 백성임을 마음에 새기며, 하나님 나라의 확장을 위해 귀하게 쓰임받는 주님의 자녀가 되게 하옵소서.

12.
네 영혼이 강건하기를 기도해

사랑하는 자여 네 영혼이 잘됨 같이 네가 범사에 잘되고
강건하기를 내가 간구하노라 형제들이 와서 네게 있는
진리를 증언하되 네가 진리 안에서 행한다 하니 내가 심히
기뻐하노라(요삼 1:2~3)

·· 내가 가장 기쁠 때

이런 질문을 받은 적이 있다.

"목사님, 목회자가 되고 가장 기뻤을 때가 언제인가요?"

나는 한순간의 망설임도 없이 대답했다.

"진리 안에서 한 영혼이 바로 세워져 가고, 한 공동체가 주님 안에서 건강하게 자라날 때요."

그 생각은 지금도 변함이 없고, 내가 배운 제자훈련 목회에 대한 열정은 더 커졌다. 왜 이런 생각을 하게 됐을까?

2011년부터 2014년까지 나는 사랑의교회 '고3수험생부'를 섬

겼다. '수험생 부서'라는 특성상 입시 스트레스로 아이들 안에 활력을 찾아보기 어려웠다. 그래서인지 몰라도 나는 아이들에게 무슨 이야기를 할지 고민했고, 자연스럽게 입시에 국한된 메시지만 전했다. 그러던 어느 날 한 학생이 내게 찾아와 말했다.

"전도사님, 저는 수험 생활에 대한 고민만 아니라 다른 고민도 있어요."

뒤통수를 한 대 얻어맞은 것 같았다. 물론 나는 목회자로서 하나님의 말씀으로 학생들을 돌보고 섬겨야 한다는 마음으로 늘 아이들을 만났다. 하지만 그 학생의 말을 곱씹어 보니, 내가 너무 아이들을 획일화해서 대했다는 생각을 하게 됐다. 감사하게도 나에게 그 고민을 던져 준 친구는 교회 공동체 안에서 건강하게 성장해 하나님 나라 확장을 위해 귀하게 쓰임받고 있다.

사실 우리 아이들은 많은 고민을 안고 산다. 부모님과의 관계, 친구 관계, 연애 문제, 입시, 진로 등 다양한 문제와 씨름하며 하루를 보낸다. 그런데 나는 아이들의 작은 고민에는 반응하지 못하고, 입시 외의 고민들은 사치라고 여기지 않았는지 되돌아보게 됐다. 아이들은 획일화된 삶에 힘들어했음에도 나는 그들의 다양성을 이해하기보다 그런 삶을 당연시하지는 않았는지 반성했다.

그 후로 나는, 충분하지는 않았지만, 이 아이들의 고민을 함께 나누는 사람이 되고 싶었다. 혼자 고민하는 것보다 함께하면 힘이 된다는 사실을 알려 주고 싶었고, 더 나아가 예수님만이 진정한 치료자이자 위로자이심을 알려 주고 싶었다. 그때 하나님이 내게 주셨던 말씀이 바로 요한삼서 1장 2절 말씀이다.

> 사랑하는 자여 네 영혼이 잘됨 같이 네가 범사에 잘되고 강건하기를 내가 간구하노라(요삼 1:2).

얼핏 보면 그냥 잘됐으면 좋겠다는 바람이 담긴 요한의 인사 정도로 보인다. 하지만 여기에는 초대교회 지도자 중 한 사람인 가이오에 대한 요한의 진심어린 마음이 담겨 있다. 요한은 자기에게 온 형제들로부터 가이오가 영지주의에 빠지지 않고, 참 진리 안에서 산다는 소식을 받고 기뻐서 편지를 보냈던 것이다.

·· 정말 잘되는 것이란

요한삼서의 말씀은 한 영혼이 정말 잘되는 것은 '세상적인 성공이 아니라, 진리 안에서 강건해지는 것'임을 알게 한다. 특히 '강건'이라는 말은 "전인격적으로 거룩하고 건강한 상태"라는 의미인데, 이것은 오직 진리 안에 거하는 자에게서 성령님이 이루시는 영육의 상태를 의미한다.

그러므로 "사랑하는 자여"라고 부르며 "범사에 잘되고 강건하기를 간구하노라"라고 축복하는 말은 하나님의 사랑을 모르는 사람은 할 수 없는 말이다. 오늘도 세상의 누군가는 "Love myself"(자신을 사랑하라)를 외치면서 모든 시선을 자신에게 집중하게 만들지만, 사실 진정한 사랑은 내가 누군가로부터 보호받고 있음을 느끼는 감정이다.

부모의 사랑을 제대로 느껴 본 사람이라면, 그 사랑이 얼마나 안전하고 위대한 것인지 안다. 부모의 사랑에는 자신은 안 먹어도 자식은 먹여야 한다는 희생과 헌신의 마음이 담겨 있기에, 그 사랑은 위대하다. 그런데 부모의 사랑보다 더 위대한 사랑이 예수님이 몸소 보이신 사랑이다.

예수님에게 몰려온 무리를 동네로 보내서 먹여야 한다고 제자들이 말했을 때, 예수님은 그들에게 "너희가 먹을 것을 주라"라고 하셨다. 그때 제자들은 '이것을 어떻게 할 수 있어?'라는 마음이 들었을 것이다. 예수님의 명령에 마지못해 보리떡 5개와 물고기 2마리를 가져왔지만 '이것으로 될까?'라는 마음이 있었을 것이다. 예수님은 제자들이 가져온 보리떡 5개와 물고기 2마리로 축사하시며, 5천 명을 먹이고도 남기는 놀라운 역사를 일으키셨다. 여기에는 '내가 이들을 먹일 것이니, 나를 믿고 준비하라'는 주님의 사랑이 담겨 있다.

진정한 사랑은 이웃을 내 몸처럼 여김으로써 알게 되고, 진리이신 예수님의 사랑을 눈물로 경험함으로써 깨닫게 된다. 하루를 살아도 진리이신 예수님 안에 사는 것이 얼마나 큰 복인지 깨달을 때, 영육의 강건함을 온전히 누리게 된다. 세상이 외치는 소리에는 안전함이 없다. 자기 이익만을 위해 외치는 소리는 영원하지 못하다. 하지만 영원하신 예수님 안에 사는 인생은 늘 안전하다. 세상은 어떻게 그런 삶을 사느냐고 반문하지만, 사실 세상의 가치로 사는 삶은 언제나 불안하다. 누군가와 자신을 비교해서 자신을 부족하고 불행한 사람으로 만드는 것은 세상의 이해타산적 사고가 아닌가.

하지만 예수님이 보여 주신 삶에는 생명이 있다. 그러므로 주님 안에 거할 때만 참 평안 속에 거할 수 있음을 깨달아야 한다. 비록 내일 일이 어떻게 될지 모르지만, 오늘 주시는 기쁨과 행복을 누리며 살 수 있는 은혜가 우리 안에 있으면 되는 것이다.

오늘 하루도 주님이 우리에게 주신 말씀 안에 거하는 삶을 살아보자. 내게 주신 주님의 말씀은 어렵거나 지겨운 것이 아니라 나를 지키고 보호하는 기준이 됨을 기억하자. 당신이 이 사실을 깨닫고 누군가에게 찾아가, "당신의 영혼이 늘 건강하고, 강건하기를 소망합니다"라고 축복하면서, 성경 한 구절을 보낼 수 있다면 이보다 놀라운 인생이 있을까. 하나님은 지금 바로 당신을 통해 이같이 행하기를 원하신다. 당신이 움직이기를 원하신다. 안전한 주님의 사랑을 전하는 자로 사는 것이 축복이다.

은혜의 발자국

1. 누군가에게 사랑한다고 고백하면서, 영육의 강건함을 위해 축복하거나 기도해 주었던 적이 있다면 언제입니까?

2. 영육의 강건함을 유지하기 위해서는 진리 안에 거해야 합니다. 진리 안에 거하기 위해 내가 결단해야 할 것은 무엇이며, 이를 위해 무엇을 해야 합니까?

─────── 믿음의 기도 ───────

주님! 나의 영혼이 언제나 강건하기를 소망하오니, 세상의 말들에 흔들리지 않고, 오직 주님의 말씀에만 귀 기울이며, 믿음 안에서 하나님 나라 확장을 위해 귀하게 쓰임받는 주님의 자녀가 되게 하여 주옵소서.

13.
내가 상속자라니

> 우리 구주 예수 그리스도로 말미암아 우리에게 그 성령을
> 풍성히 부어 주사 우리로 그의 은혜를 힘입어 의롭다
> 하심을 얻어 영생의 소망을 따라 상속자가 되게 하려
> 하심이라(딛 3:6~7)

·· 상속자의 권한

'상속'(相續)이라는 말은 "일정한 친족 관계가 있는 사람 사이에서, 한 사람이 사망한 후에 다른 사람에게 재산에 관한 권리와 의무의 일체를 이어 주거나, 다른 사람이 사망한 사람으로부터 그 권리와 의무의 일체를 이어 받는 일"이다. 따라서 상속자가 된다는 것은 엄청난 권리와 의무를 이어받는 것을 뜻하며, 선택받은 사람만이 이 같은 권한을 누릴 수 있다.

하지만 상속자의 권한 이행이 늘 순조로운 것은 아니다. 때로는 상속을 포기해야 하는 경우도 있다. 상속은 재산뿐만 아니라

부채도 함께 물려받는 행위이기 때문이다. 그러므로 상속자로 선정됐을 때 얻는 유익은 상속하려는 사람의 채무 관계에 따라 달라진다. 간단히 말해, 누구의 상속자가 되느냐에 따라 이행해야 할 권한과 의무가 완전히 달라진다는 뜻이다.

바울은 디도에게 세상의 상속과는 전혀 다른 차원의 상속에 대해 알려 주고 싶었다. 바울이 말하고자 했던 것은 예수 그리스도를 믿음으로 말미암아 성령을 받고 하나님의 자녀가 되어 영생을 상속받는다는 것이었다. 이는 십자가의 은혜로 의롭다 하심을 얻은 우리가 영생만을 누리는 것이 아니라, 하나님 나라의 상속자로서의 권한까지 부여받게 된다는 뜻이다. 이처럼 바울은 죄인들에게 허락된 은혜를 디도가 알기 원했다. 결국 바울은 디도가 하나님의 사랑과 은혜의 크기를 더욱 깊이 깨닫기를 소망했던 것이다.

이런 일이 어떻게 가능할까? 듣기만 해도 놀라는 것이 정상적인 반응이다. 죄인이 죄의 짐을 벗는 것만 해도 큰 은혜인데, 무슨 공로가 있어 이런 지위를 누린단 말인가? 자격도 없고 공로도 없는 사람이 하나님의 상속자 된 권한을 누린다니, '은혜'라는 단어 외에는 설명할 말이 없다. 이 사실을 전하지 않는 것이야말로 비정상적인 일이다.

·· 그래서 그러셨군요!

배우 신애라 씨의 책 「하나님, 그래서 그러셨군요!」(규장)를 보며 은혜에 대해 생각하게 됐다. 이 책에는 두 자녀를 입양한 엄마의 삶이 생생하게 기록되어 있다. 그녀는 예은이를 입양하면서 끊임없이 눈을 맞추고, 안아 주고, 만지고, 뽀뽀하며 자녀와 관계를 맺기 위해 애썼다고 한다. 아이를 뱃속에 품는 시간만큼의 노력을 쏟아야 입양한 아이와의 관계가 형성됨을 알았기에 이 같은 노력을 했다는 것이다.

그녀는 입양한 아이를 '버려진 아이'가 아닌 '지켜진 아이'라고 표현했다. 그 아이는 가정이라는 공동체에서 자라야 했기에 양부모에 의해 지켜진 것이다. 양부모의 선택과 사랑으로 지켜졌다는 사실은 하나님이 우리를 부르신 것과 같다. 우리는 아무것도 하지 않았으나, 하나님이 우리를 부르시고 지키셨다. 하나님은 우리와 눈을 맞추려 힘쓰셨고, 우리를 안고, 만지고, 뽀뽀하는 것을 멈추지 않으셨으며, 우리가 하나님의 자녀로서 모든 권한을 누리기를 원하신다. 이처럼 하나님은 당신의 품 안에서 당신의 백성이 안전하게 자라기를 소망하셨다.

그러므로 선택받은 상속자라면 하나님이 주신 권한을 누려야 하고, 이 놀라운 사실을 다른 사람에게도 전해야 한다. 나의 유익을 위해 사는 인생이 아니라, 받은 은혜를 생각하며 하나님을 믿는 자들이 선한 일을 할 수 있도록 힘쓰는 것이 상속자의 사명이다(딛 3:8). 놀라운 것은 자기가 아닌 다른 상속자들을 세운다고 내 몫이 줄어드는 것이 아니라는 사실이다. 오히려 세우는 사람이 많아질수록 기쁨은 커지고, 더 많이 채워 주신다.

·· 상속자의 바른 자세

이 땅을 사는 동안 힘들고 어려운 일이 닥치더라도, 내가 하나님이 주신 권한을 누릴 상속자라는 사실을 기억해야 한다. 내가 상속자의 권한을 발휘할수록 하나님의 뜻이 내 주변으로 흘러가고, 선한 열매들이 맺히게 될 것이다. 그러므로 지치고 힘들 때마다 자신의 신분에 대해 생각하는 시간을 가지고, 내게 주신 사명을 다시금 상기할 필요가 있다. 더불어 감사히 받은 권한을 온전히 누리고 있는지도 살펴보아야 한다.

안타깝게도 인간의 삶에 '감사의 시간은 짧고 불평의 시간은 길다.' 일만 달란트 빚을 탕감받은 사람이 그 받은 은혜는 생각하지 않고, 겨우 백 데나리온 빚진 동료에게 가혹하게 구는 모습을 보면 인간의 감사가 얼마나 순간적인지 알 수 있다. 평생 갚을 수 없는 빚을 탕감받았다면 감사의 마음도 길어야 할 텐데, 금세 그 사실을 잊고 자신에게 빚진 자를 호되게 다그치는 모습에서 우리 자신의 모습을 볼 수 있어야 한다. 내가 누리고 있는 특권은 내게 자격이 있어서 누리는 것이 아니다.

그러므로 감사의 시간을 오래 가지고 불평과 불만의 모습은 버려야 한다. 그것이 하나님의 뜻을 세워 가야 할 자들이 가져야 할 바른 자세요 상속자의 바른 자세가 아닐까. 받은 은혜는 쉽게 잊어버리고 여전히 내 안에 남아 있는 불평과 불만만 생각하고 있지 않은지 돌아봐야 한다. 만일 감사를 쉽게 잃어버리는 사람이 있다면, 기억을 위해 기록을 남기는 것은 어떨까. 좋은 기억을 기록하는 훈련은 내 안에 은혜를 채우고 흘려보낼 수 있는 동력이 된다.

이처럼 하나님의 상속자는 달라야 한다. 그러므로 내게 주어진 '상속자'라는 권한에 대한 진지한 묵상이 필요하다. 무자격자인 내게 주신 이 엄청난 권한을 묵상하는 시간이 늘어날수록, 나의 기쁨은 배가 되고 삶은 더욱 풍성해질 것이다. 아무리 생각해봐도 내가 상속자라니, 이보다 더 큰 기적은 없다.

은혜의 발자국

1. 하나님이 예수님을 통해 허락하신 '상속자'라는 권한에 대해 어떤 감정이 드는지 생각해 봅시다.

2. 상속자는 하나님의 아들로 주변에 선한 영향력을 끼쳐야 하는 하나님의 사람입니다. 이 사실을 기억하면서, 내가 선한 영향력을 끼칠 수 있는 사람은 누구이며, 앞으로 그 사람을 어떻게 섬기겠습니까?

믿음의 기도

주님! 항상 내게 주신 신분에 대해 감사히 여기며, 언제나 '상속자'다운 삶을 살도록 주님이 인도하시고 이끌어 주옵소서.

14.
너는 하늘의 뭇별과도 같은 존재란다

여호와의 말씀이 그에게 임하여 이르시되 그 사람이 네
상속자가 아니라 네 몸에서 날 자가 네 상속자가 되리라
하시고 그를 이끌고 밖으로 나가 이르시되 하늘을 우러러
뭇별을 셀 수 있나 보라 또 그에게 이르시되 네 자손이 이와
같으리라(창 15:4~5)

·· 계획대로 안 되는 삶

  삶이 계획대로 하나씩 성취된다면 얼마나 좋을까. 준비한 만큼 결과가 나오고 모든 것이 계획대로 된다면 걱정 없이 살 수 있을 것이라는 생각을 한 번쯤 해봤을 것이다. 당장 해결해야 할 문제가 많은 사람들에게 먼 미래의 이야기는 허황되게 들릴 수 있다. 더욱이 MBTI에서 말하는 'T'(사고형)와 'J'(판단형) 유형의 사람이라면, 논리적으로 문제가 해결되지 않을 때 스트레스를 더 많이 받을 것이다. 그러나 미래가 늘 우리가 생각한 대로 흘러갔던가?

아무리 생각해도 내 계획대로 진행된 적은 없었다. 나 또한 'T' 와 'J' 유형의 삶에 익숙해져 오랜 시간을 보냈다. '논리적', '계획적'이라는 단어는 나를 대표했고, 그에 맞춰 움직이는 것이 합리적이고 편하다고 생각했다. 하지만 삶은 녹록지 않았고, 계획과 달리 눈물로 밤을 지새우는 날이 많았다. 나는 그 순간 하나님을 찾을 수밖에 없었다. 물론 'F'(감정형)와 'P'(인식형) 유형의 사람도 관계로 인한 많은 어려움 속에서 살아갈 것이다. 문제가 빨리 해결되기를 바라지만, 그것 역시 쉽지 않다. 그래서 결국 어떤 유형의 사람이든지 기도의 자리에 나아갈 수밖에 없다는 것이다.

·· 아브라함의 믿음

하나님이 아브라함을 처음 만나 주셨을 때, 그는 다른 신을 섬기고 있었다. 아브라함은 자기 인생이 성경에 기록된 대로 진행될 것이라고는 전혀 생각하지 못했을 것이다. 오직 하나님의 전적인 택하심으로 그의 인생은 바뀌게 됐다.

> 내가 너로 큰 민족을 이루고 네게 복을 주어 네 이름을 창대하게 하리니 너는 복이 될지라(창 12:2).

아브라함은 이 말을 듣는 순간, 어떤 생각을 했을까? 분명 머릿속에 여러 생각이 떠올랐겠지만, 그는 하나님의 말씀에 순종하기로 결정했다. 순종만 하면 모든 문제가 해결될 것이라 믿었을 것이다. 그러나 이후 조카 롯과의 갈등이 생겼다. 재산이 많아져 아브라함과 롯의 목자들 사이에 다툼이 일어나자, 아브라함은 롯에게 먼저 선택권을 주고 거할 땅을 고르게 한 후 헤어졌다. 롯이 요단 온 지역을 택하고 아브라함이 가나안에 머물자, 하나님은 아브라함에게 "네 자손이 땅의 티끌 같게 하리니"(창 13:16)라는 말씀으로 그를 축복하셨다. 당장 자식이 한 명도 없는 아브라함에게 하나님은 다시 약속을 확인시키시며 아브라함이 "갈 바"를 정확히 안내하셨던 것이다.

하지만 상황은 여의찮았다. 그돌라오멜과 연합한 왕들이 롯이 살던 소돔과 고모라를 공격하는 일이 벌어졌다. 이때 아브라함은 훈련된 사람 318명을 이끌고 롯을 구하게 되는데, 재산 문제로 다투다 헤어진 그들이 이렇게 다시 만나게 될 줄 예상치 못했을 것이다. 모든 것이 아브라함의 계획대로 흘러가지는 않았을 것이다. 그러던 어느 밤, 여호와의 말씀이 아브라함에게 임했다.

"두려워하지 말라."

아브라함은 그 순간 자기가 지금까지 가졌던 불안한 마음을 토로했다.

주 여호와여 무엇을 내게 주시려 하나이까 나는 자식이 없사오니 나의 상속자는 이 다메섹 사람 엘리에셀이니이다(창 15:2).

하나님과의 약속은 생각나지 않았다. 눈앞의 현실이 아브라함의 눈을 근시안적으로 만든 것이다. 지금 당장 상속자가 없고 불안한 상황이 계속되는 시점에 "두려워하지 말라"는 하나님의 말씀이 귀에 들리지 않았을 것이다.

하지만 여호와의 말씀이 다시 그에게 임했다. 하나님은 아브라함을 이끌고 "밖으로 나가" 하늘에 있는 "뭇별을 셀 수 있나 보라"(창 15:5) 하셨다. 여호와의 말씀은 근심과 걱정 속에 있던 아브라함의 마음을 움직였고 아브라함은 말씀을 그대로 받았다. 하나님은 이런 아브라함의 믿음을 "그의 의"로 여기시고, 아브라함과 언약을 세워 애굽 강에서부터 큰 강 유브라데까지 자손을 주겠다고 약속하셨다. 이것은 유대인만 아니라 이방인도 아브라함의 복을 물려받게 된다는 뜻이다(갈 3:14).

·· 내 삶을 계획하신 분

솔직히 아브라함과 같은 상황이 내 앞에 닥친다면, 나는 불만 속에서 지낼 수밖에 없을 것 같다. 많은 민족을 주시겠다는 말에 그저 '지금 필요한 상속자는 한 명입니다'라고 생각했을 것이다. 하지만 하나님은 앞으로 이루실 일의 규모가 상상할 수 없을 만큼 크다는 것을 아브라함에게 보여 주시고, 하나님의 시간 계획에 따라 모든 일을 이루어가고 계셨다.

우리의 삶도 아브라함의 삶과 다르지 않다. 지금 당장의 문제만 해결되면 좋겠다는 생각이 대부분이다. 일상에서 일어나는 수많은 문제에 대한 해결책이 하나라도 생기면 좋겠다고 생각한다. 그러나 하나님의 생각과 계획은 우리와 다르다. 하나님은 우리가 생각하지 못한 부분까지 채워 주시고, 하나님이 하고자 하는 일을 우리 앞에 보여 주셨다. 하나님은 늘 연약한 사람을 통해 약속을 이루셨으며, 지금 이 순간에도 그들을 통해 놀라운 일을 이루어가고 계신다.

그러므로 하늘의 뭇별과 같은 많은 것을 꿈꾸지 않더라도, 내 삶을 계획하신 분이 하나님이심을 알아야 한다. 많은 사람이 내가 모든 것을 꿈꾸고 모든 문제를 해결해야 한다고 생각하지만, 그럴 때마다 자신의 한계를 뼈저리게 느끼게 될 것이다. 우리는 모든 것을 다 할 수도, 모든 것을 다 해결할 수도 없다. 모든 것을 계획하시고 인도하시는 하나님의 손길을 느끼는 것, 그것이 유한한 존재가 무한한 분 앞에서 살아가는 방법임을 깨달아야 한다.

오늘도 뭇별을 준비하시며 우리와 함께하시기를 원하시는 하나님의 마음을 생각해 보자. 지금도 하나님은 분명 당신을 보고 계시며 모든 것을 알고 계신다. 비록 문제가 해결되지 않아 숨 막히게 조여오는 것처럼 느껴져도 당황하지 말자. 내 머리로 이해되지 않는 일들을 하나님은 지금도 행하시고, 당신을 통해 일하기 원하신다. 따라서 지금 우리가 할 수 있는 것은 믿음으로 반응하는 것이다.

하나님은 지금 그것으로 충분하다고 말씀하신다. 그래서 다행이다. 하나님이 행하실 일에 믿음으로 반응하는 것, 그것이 뭇별을 준비하신 하나님에 대한 예의가 아닐까. 모든 일을 행하실 하나님의 진심은 당신을 통해 반드시 이루어질 것이다.

은혜의 발자국

1. 하나님은 자녀가 없는 아브라함에게 뭇별처럼 셀 수 없을 정도의 자녀를 주겠다고 말씀하십니다. 당장 불가능해 보이는 일이지만 하나님이 허락하신 일임을 확신한다면 어떤 마음으로 반응해야 할지 생각해 봅시다.

2. 하나님이 생각하시는 계획의 크기가 나의 생각과 차이가 날 때, 내가 앞으로 보여야 할 반응과 태도는 어떠해야 할지 나눠 봅시다.

───── 믿음의 기도 ─────

주님! 내 앞에 놓인 문제와 어려움들을 세상의 관점과 시선으로 볼 것이 아니라 하나님의 때를 기다리며 믿음으로 반응하게 하옵소서.

15.
우리는
하늘의 시민권을 가졌어

> 그러나 우리의 시민권은 하늘에 있는지라 거기로부터
> 구원하는 자 곧 주 예수 그리스도를 기다리노니 그는
> 만물을 자기에게 복종하게 하실 수 있는 자의 역사로
> 우리의 낮은 몸을 자기 영광의 몸의 형체와 같이 변하게
> 하시리라(빌 3:20~21)

·· 시민권을 가진다는 것

 '시민권'(市民權)의 사전적 의미는 "일반 국민이나 주민이 누리고 가지는 권리"로 "시민으로서의 행동 또는 사상, 재산 및 신앙의 자유가 보장되고, 정치에 참여할 수 있는 권리"다. 시민권이 있어야 해당되는 나라에 출입국이 자유롭고, 선거에 참여할 수 있으며, 시민이 가질 수 있는 권리를 온전히 누리게 된다.
 나는 1년 동안 가족들과 함께 미국 생활을 한 적이 있다. 시민권이 없었기에 당연히 미국 출입과 관련된 서류들을 준비해

야 했다. 시민권이 아니라 영주권을 가진 자라도 거주할 권리는 있지만, 그것도 없는 사람은 자신의 신분을 증명하기 위해 서류를 상당히 준비해야 했다. 비자$_{Visa}$는 기본이고, 입국신고서$_{Arrival/Departure\ Record,\ Form\ I-94}$, 그 외에도 자신의 상황에 따라 'DS-160, DS-260, DS-2019'(미국 이민비자 신청서)와 같은 서류도 준비해야 했다. 쉽게 말해, 미국에서 왜 머무는지에 대한 자기 증명이 필요했다. 그래서 어쩔 수 없이 이방인 신분으로 살아야 했고, 삶 자체의 완전한 안정을 도모하기는 어려웠다.

반대로 대한민국에 살 때는 다르다. 나는 대한민국의 국민으로 정치에 참여할 수 있는 권한과 행동의 자유를 누리며, 각종 혜택과 보장을 받는다. 이처럼 현재 거주하는 나라의 시민권을 가진다는 것은 혜택이면서 특권이고, 안전하게 거주할 수 있다는 증표다.

·· 하늘 시민권

당시 로마 시민권을 가졌던 바울은 로마라는 최강대국의 시민이라는 이유만으로 큰 혜택을 누렸다. 그런데 하나님은 이런 바울의 시민권을 복음을 위해 사용하게 하셨다. 그래서 그를 한 지역에만 머무르게 하지 않으시고 여러 지역을 여행하며 복음을 전하게 하셨던 것이다. 바울 역시 주님과의 만남 이후 자신의 시민권이 개인의 유익을 위한 것이 아님을 깨달았다. 그는 로마 시민권을 자랑하지 않고 자신의 시민권이 하늘에 있음을 밝히며 하늘 시민권을 자랑하기 시작했다. 로마의 시민으로 누리는 특권보다 하나님의 백성으로서 누릴 수 있는 특권을 더욱 소중히 여겼던 것이다.

바울이 이렇게 생각한 이유는 무엇일까? 그것은 무엇이 가치 있는 삶인지 그가 정확히 이해했기 때문이다. 바울은 이 땅의 시민권은 영원하지 않고 결국 사라진다는 사실을 알았다. 이 땅에서의 권한은 한계가 있으므로 그것이 진정한 특권이 아님을 깨닫게 된 것이다. 그래서 바울은 이 땅의 시민권을 진짜 누려야 할 하늘 시민권을 전하는 데 사용했다. 그는 하늘 시민권자로서의 특권을 누리기 위해 예수님이 다시 오시기를 기다리며 복음을 전했다.

바울은 하늘에 계신 예수님을 만물을 복종하게 하시는 분으로 소개하며, 우리의 연약한 육체가 예수님의 몸처럼 죽지 않고 부활할 수 있는 몸이 되는 것이야말로 진정한 특권이라고 했다. 죄로 인해 결국 죽을 수밖에 없는 인간이 예수님을 믿음으로 죽음을 이기고 부활할 수 있다는 것보다 더 중요한 것이 없음을 전한 것이다.

·· 하늘 시민권을 특권으로 아는가

하지만 오늘을 사는 많은 사람들은 하늘 시민권을 특권으로 생각하지 않았다. 그들은 이 땅의 시민권만 중요하게 여기고, 하늘 시민권은 자신과 상관이 없다고 여긴다. 그러나 하늘 시민권의 가치를 모르는 순간, 끔찍한 일을 겪게 될 것을 알아야 한다.

나는 미국과 캐나다 국경을 통과할 일이 있었다. 미국에서 캐나다 국경을 넘는 데는 시간이 오래 걸리지 않았으나, 캐나다에서 미국으로 넘어올 때는 많은 질문을 받아야 했다.

"왜 바로 한국으로 돌아가지 않고 미국 서부로 가는가?"

"무엇 때문에 장기 체류 하는가?"

이런 질문을 받아야 했다. 만일 여권만 가지고 캐나다 국경으로 갔다가 미국 재입국을 시도하려 했다면 어려움을 겪을 뻔했다. 그런데 만일 천국 입국 심사를 위해 하나님이 자격 여부를 질문하신다면 어떤 것을 물어보실지 상상해 보자.

"예수님을 영접했니?"

"예수님과 인격적으로 만났니?"

이런 질문을 하신다면 어떻게 답할 것인가? 하늘 시민권자라면 당당히 말하겠지만, 그렇지 않을 경우 입국 거부와 동시에 영원한 형벌에 들어가게 될 것이다.

물론 주님은 당신이 이미 하늘 시민권을 획득했는지 알고 계신다. 오직 예수님을 주라 시인하는 자들만 하늘 시민권을 부여

받고 입국 허가를 얻게 됨을 성경은 기록하고 있다(마 10:32). 따라서 세상에 이보다 더 기쁜 일은 없으며, 이것을 얻는 순간 영원한 기쁨을 소유하게 된다.

사실 하나님 나라의 자녀 된 자로 누리는 시민권은 세상에 어떤 것으로도 그 값을 매길 수 없고, 돈으로 사고 싶어도 살 수가 없다. 이것은 오직 하나님의 주권 속에서 발급되는 것이다. 그러므로 우리는 이 같은 권한을 누린다는 사실에 얼마나 큰 감사로 반응해야 할까.

당신은 하나님이 이미 허락하신 하늘 시민권을 소유한 사람이다. 이 시민권을 얻기까지 당신은 분명 많은 일들을 겪었을 것이다. 어떤 이는 복음을 듣고도 구원의 확신을 얻지 못해 힘겨워했고, 어떤 이는 모태신앙으로 신앙생활을 시작했으나 예수님이 나의 구원자이심을 인격적으로 받아들이는 데 오랜 시간이 걸렸을 것이다.

그러므로 이렇게 어렵게 얻은 시민권을 나 혼자만 누리는 것으로 끝내서는 안 된다. 내게 주어진 권한의 소중함과 고귀함을 알았다면, 이 권한을 다른 이들도 누리도록 전하는 것이 사명이다. 물론 이 사명을 감당하다 보면 어려움과 곤혹스러운 일을 겪을 수도 있다. 하지만 주님의 뜻을 바라보며 하늘 시민권자가 누리는 특권을 소개하는 당신의 희생과 수고를 통해 많은 사람이 주님의 은혜를 경험하게 될 것이다. 이것이야말로 주님이 바라시는 일이자 우리 모두가 감당해야 할 사명이다.

은혜의 발자국

1. 하나님은 나를 하늘 시민권자로 불러 주셨습니다. 그렇다면 내가 하늘 시민권자로 누릴 수 있는 특권들이 있을 것인데, 무엇이 있는지 생각해 봅시다.

2. 하늘 시민권을 아직도 획득하지 못한 사람들에게 시민권 획득을 위해 필요한 것들이 무엇인지 알려줘야 합니다. 아직도 하늘 시민권을 획득하지 못한 사람들을 위해 내가 무엇을 결단해야 할지 생각해 봅시다.

믿음의 기도

주님! 하나님 나라의 시민권자로 매일 삶의 자리에서 내가 누리는 특권에 감사드리며, 아직도 하늘 시민권을 취득하지 못한 많은 사람들을 섬기며 도울 수 있는 주님의 자녀가 되게 하여 주옵소서.

16.
하나님이
나를 기억하신다

> 여러 해 후에 애굽 왕은 죽었고 이스라엘 자손은 고된
> 노동으로 말미암아 탄식하며 부르짖으니 그 고된 노동으로
> 말미암아 부르짖는 소리가 하나님께 상달된지라 하나님이
> 그들의 고통 소리를 들으시고 하나님이 아브라함과 이삭과
> 야곱에게 세운 그의 언약을 기억하사 하나님이 이스라엘
> 자손을 돌보셨고 하나님이 그들을 기억하셨더라
> (출 2:23~25)

·· 사람의 시간, 하나님의 시간

시간만큼 정확하고 공평한 것도 없다. 모든 사람에게 주어지는 하루는 24시간이고 1년은 365일이다. 그러나 하나님의 시간은 우리의 시간과 다르다. 베드로는 "사랑하는 자들아 주께는 하루가 천 년 같고 천 년이 하루 같은 이 한 가지를 잊지 말라"(벧후 3:8)고 했다. 인간은 시간 속에서 살아가지만, 하나님은 시간을

창조하신 분이시다. 따라서 우리는 창조주의 시간을 온전히 이해할 수 없다. 또한 우리에게 주어진 시간이 무한하지 않음을 깨달을 때, 비로소 자신의 존재를 정확하게 인지하게 된다.

모세의 삶을 보면 하나님의 시간과 사람의 시간이 다르다는 것을 알 수 있다. 애굽의 왕자로서 모든 것을 누리며 살았던 모세는 한순간에 모든 것을 잃고 광야로 도망쳐야 했다. 누구라도 그의 상황이라면 갈등과 고민 속에서 하루하루를 보냈을 것이다. 한순간에 바뀐 자신의 위치를 받아들이는 것은 결코 쉽지 않은 일이다.

그러나 모든 것은 하나님의 시간 속에서 흘러가고 있었다. 모세는 도망자 신세가 됐지만, 미디안 땅에서 르우엘의 딸들을 도우며 삶의 전환점을 맞이했다. 그의 작은 선행은 그를 제사장의 가족에게로 이끌었고, 그는 미디안 광야에서 새로운 삶을 시작할 수 있게 됐다. 고립된 삶에서 벗어나 함께 살 사람들을 만나게 된 것이다.

하나님이 광야에서 모세를 이스라엘의 지도자로 준비시키시는 동안, 애굽에서는 새로운 왕이 등장해 이스라엘 백성을 더욱 혹독하게 다스렸다. 그러나 하나님은 이스라엘 백성이 부르짖는 고통의 소리에 응답하셨고, 조상들과 맺은 언약을 기억하시며, 고통받는 백성을 돌보기 시작하셨다.

세월이 흐르면 사람들의 기억은 희미해지고, 문서로 남기지 않은 구두 약속은 잊히기 쉽다. 더군다나 언약의 당사자가 세상을 떠난 상황에서 다음 세대까지 약속이 이행되는 것은 거의 불가능하다. 그러나 하나님은 고통받는 이스라엘 백성을 보시고, 오래전 그들의 조상과 맺으신 약속을 기억하셨다. 인간의 시간 개념을 초월하여 계시는 하나님은 사람들이 잊고 있던 약속을 지키기 위해 모든 것을 준비하고 계셨던 것이다.

이처럼 하나님은 광야에서 모세를 준비시키셨고, 때가 차매 그를 통해 이스라엘 백성을 인도해 내시기로 결단하셨다. 모세 또한 하나님의 부르심에 순종하며 이스라엘을 이끌 지도자로 성장했다. 이 모든 것은 하나님의 시간 계획 안에서 성취됐다.

물론 하나님의 때가 되면 모든 것이 회복될 것이라는 믿음이 있어도, 지금 내가 있는 곳이 광야라면 그 시간을 즐겁게 보내기는 어렵다. 모든 것이 불편하고, 물이 귀하며, 한정된 자원으로 인해 다툼이 일어나는 광야에서 인내하며 기다린다는 것은 쉬운 일이 아니다. 그러나 하나님의 계획은 바로 이런 시간들 가운데 준비되고 있었다. 모세는 하나님이 예비하신 시간 동안 출애굽의 역사를 이끌 지도자로 하나님의 뜻에 따라 성장해 갔던 것이다.

·· **광야 같은 시간**

나에게도 광야와 같은 시간이 있었다. 대학 진학과 맞물려 가정 형편이 어려워졌을 시기에, 왜 나에게 이 같은 시간이 왔는지 이해할 수 없었다. 하지만 하나님은 결국 나의 불평과 불만을 멈추게 하셨을 뿐만 아니라 하나님이 준비하신 공동체에서 훈련받으며 목회자로 쓰임받을 준비를 하게 하셨다.

하나님은 당신에게도 이런 시간을 허락하신다. 지금 겪는 시간이 광야와 같이 느껴질 수도 있다. 앞이 보이지 않고, 답답한 시간 속에 내가 있다고 생각하다 보면, 하나님이 인도하고 계심을 잊어버릴 수도 있다. 그러나 하나님은 지금 이 순간에도 당신을 눈여겨보고 계시며, 언약의 당사자로 세워 쓰실 때를 준비하고 계신다.

그러므로 광야는 결코 답답한 장소가 아니다. 오히려 갈급한 심정으로 하나님을 대면할 수 있는 장소요, 하나님이 열어 가실 미래를 준비하기 위한 훈련의 현장이며, 하나님의 섭리를 온전히 기대하며 미래를 꿈꿀 수 있는 곳이다.

·· 당신을 향한 하나님의 계획

당신을 향한 계획도 그렇다. 조금 빨리 쓰임받을 시간이 왔으면 하는 바람이 있을지도 모르나, 하나님의 시간은 내가 생각하는 시간과 다르다. 하나님은 모든 것을 계획하고 준비하고 계신다. 물론 우리는 그 계획을 다 알 수도 이해할 수도 없다. 하지만 지금까지 당신의 삶을 뒤돌아보면, 하나님이 늘 그렇게 인도해 오셨다는 것을 알 수 있을 것이다. 따라서 내 앞에 보이지 않는 미래 때문에 불안해할 것이 아니라 한결같이 나를 인도해 오신 하나님의 신실하심을 기대하며, 기쁨으로 오늘을 사는 것이 믿음을 가진 사람이 가져야 할 삶의 자세가 아닐까?

이처럼 믿음은 이해되지 않는 상황에도 하나님이 행하실 놀라운 시간을 기다리는 것이다. 하루가 천 년 같고, 천 년이 하루 같은 하나님의 시간 계획을 믿고 나아갈 때, 상상할 수 없는 일을 경험하는 기적의 주인공이 될 것이다.

분명 오늘도 당신의 삶은 쉽지 않았을 것이다. 광야 속에서 힘겨운 하루를 보냈을지도 모른다. 하지만 목마른 상황에서도 먼저 베풀고 돕는 삶을 살고 있다면, 당신은 하나님이 행하시는 훈련의 시간 속에서 더욱 단단해지고 있는 것이다. 그러니 오늘도 하나님이 주신 하루에 믿음으로 반응하고 기대하며 살아가는 것은 어떨까? 분명 도우시는 하나님이 지금 이 순간에도 당신을 기억하고 돌보신다.

은혜의 발자국

1. 비록 나의 하루는 광야와 같은 일상일 수 있지만, 모세처럼 누군가를 도울 수 있다는 것 자체가 하나님의 시간 계획 안에서 성장하고 있다는 반증입니다. 힘들고 어려운 상황 속에서도 내가 할 수 있는 섬김의 일이 무엇인지 생각해 봅시다.

2. 하나님이 나를 기억하신다는 것 자체가 은혜입니다. 오늘 하루도 나의 삶을 기억해 주시고 도우시는 하나님을 생각하며, 내가 하나님의 자녀로 어떻게 준비되어 가야 할지 생각해 봅시다.

믿음의 기도

주님! 나의 삶 가운데 개입하셔서 미래를 준비하시는 하나님의 역사를 기대합니다. 늘 나를 지켜보시고 돌보시는 하나님의 역사에 믿음으로 반응하는 주님의 자녀가 되게 하옵소서.

3부

힘내,
지금이 기회야

17.
낙심이 아닌 소망을 품다

> 내 영혼아 네가 어찌하여 낙심하며 어찌하여 내 속에서
> 불안해 하는가 너는 하나님께 소망을 두라 그가 나타나
> 도우심으로 말미암아 내가 여전히 찬송하리로다(시 42:5)

·· 낙심과 불안

'낙심'(落心)이란 말은 "바라고 소망하던 일이 이루어지지 않아 마음이 풀어진 상태"를 말한다. 큰 기대를 품었던 일이 뜻대로 되지 않아 주저앉게 되는 심리적인 어려움이다. '불안'(不安)은 "마음이 편안하지 못하고 불안정한 상태"를 의미한다. 마치 나쁜 일이 일어날 것만 같은 불안감에 휩싸여 마음의 평화를 잃은 상태다. 이처럼 '낙심'과 '불안'은 확신을 가지고 살고 싶어 하는 현대인들이 가장 두려워하는 감정이다. 많은 사람이 이러한 감정을 극복하기 위해 다양한 방법을 시도하고 있다.

누구나 살면서 낙심하고 불안해하는 경험을 한다. 매일같이 걱정과 근심에 휩싸여 힘겨워하는 사람이 얼마나 많을까? 이런 감정은 개인의 노력만으로는 쉽게 해결되지 않아 더욱 고통스럽다.

미국 멘로파크Menlo Park에서 화창한 날씨 속에서 평화로운 시간을 보낸 적이 있다. 하지만 나는 그곳에서 만난 사람들의 이야기를 통해 고민과 어려움은 어디에나 존재한다는 사실을 깨달았다. 다양한 문화가 공존하는 멘로파크 역시 치열한 경쟁 속에서 살아가는 사람들의 이야기로 가득했다. 겉으로는 평온해 보이는 곳이라도, 사람이 사는 곳이라면 어디에서나 어려움을 겪을 수밖에 없다는 것을 알게 된 것이다.

시편 기자는 하나님을 향한 갈급함으로 자신의 나날을 보냈다. 마치 사슴이 시냇물을 찾듯이, 그는 살아계신 하나님을 만나고 싶었다. 그러나 주변 사람들은 그의 간절한 마음을 이해하지 못하고 "네 하나님이 어디 있느뇨"(시 42:3)라는 말로 시인의 마음에 비수를 꽂았다. 이러한 비난은 시인의 마음에 깊은 상처로 남았고, 그는 끊임없이 고통스러워했다.

그는 이를 해결하기 위해 하나님을 향한 열망을 품고 사람들과 함께 하나님의 성전을 찾아 기뻐 소리 지르기도 하고, 감사 찬송을 부르기도 하며 시간을 보냈다. 하지만 주변의 비웃음은 쉽게 사라지지 않았다. 깊은 신앙심에도 불구하고, 주변 환경으로 인해 흔들리고 낙심하는 시인의 모습은 마치 우리 자신의 모습을 보는 것 같다.

·· 기도해도 나아지지 않을 때

사실 많은 그리스도인이 학교와 일터에서 증인으로 살기 위해 애쓴다. 예배와 소그룹 모임 등 다양한 훈련을 통해 영적 성장을 도모하고, 마음을 새롭게 하려고 힘쓴다. 하지만 때로는 이러한 노력이 헛된 것처럼 느껴질 때가 있다. 하나님의 역사가 내 삶에서 체감되지 않고, 낙심과 불안에 휩싸여 아무것도 하고 싶지 않을 때도 있다.

열심히 노력하고 기도해도 상황이 나아지지 않을 때 우리는 흔히 좌절하고 의문을 품는다. '이 정도 했으면 상황이 좋아져야 하는 거 아냐?' 그리고 아무런 변화 없는 현실에 괴로워한다. 그때 우리 머릿속에는 '하나님은 어디에 계실까?'라는 질문이 맴돌고, '왜 나에게 이런 일이 일어날까?'라는 의문에 시달린다. 욥기의 주인공 욥처럼 말이다.

모든 것을 잃고 고통에 빠졌을 때, 욥은 하나님께 자신의 솔직한 마음을 털어놓았다. 그는 왜 자신에게 이런 시련이 닥쳤는지 이해할 수 없었고, 친구들의 비난에 상처를 입었다. 하지만 욥은 끝까지 하나님을 의지했고, 결국 하나님의 더 큰 은혜를 경험하게 됐다.

욥의 이야기처럼 우리도 어려움 속에서 하나님께 나아가야 한다. 우리의 의문과 고통을 솔직하게 이야기하고, 하나님의 뜻을 구해야 한다. 비록 지금은 이해할 수 없지만, 하나님은 우리를 향한 더 큰 계획을 가지고 계신다.

믿음으로 나아가는 훈련

　우리가 살면서 '하나님은 정말 계실까?'라는 의문을 품을 때가 있다. 하지만 가만 생각해 보면, 이 순간 우리가 살아 숨 쉬고 있다는 것 자체가 얼마나 큰 은혜인지 깨닫게 된다. 더욱이 하나님이 우리 삶 속에서 역사하고 계신다는 사실을 잊지 않는다면 더 큰 감사를 할 수 있다. 우리는 하나님 앞에서 불평하지만, 하나님은 우리를 포기하지 않고 일하신다. 시인과 욥의 인생에 개입하셨던 하나님의 역사는 이 순간 우리 삶 속에서도 동일하게 일어나고 있다.

　우리의 삶은 하나님의 은혜 없이는 상상할 수 없다. 바벨론과 같은 세상 속에서 살아가는 우리에게 하나님은 유일한 소망이시다. 그러므로 시인처럼 하나님께 소망을 두고 믿음으로 나아가는 훈련을 하는 것은 가장 지혜로운 선택이다. 자신의 한계를 인정하고 더 큰 존재를 의지하는 용기 있는 행동이다.

　성도는 더 큰 가치를 소망하면서 사는 사람들이다. 불안한 오늘 때문에 걱정하며 사는 삶이 아니라 하나님께 소망을 두고 사는 이들이 하나님의 백성이다. 따라서 진정한 평안의 통로는 하나님이시다. 하나님의 역사 없이는 내 삶에 진정한 평안을 누릴 수 없다. 세상의 유한한 것들에 시선이 쏠릴 때마다, 말씀을 통해 우리의 시선을 하나님께로 돌리자. 하나님이 우리의 상한 마음을 치유하시고 삶에 평화를 주실 것이다. 그분과 동행하는 삶이 곧 회복의 여정이다.

낙심과 불안이 몰려올 때, 좌절하거나 절망하지 말자. 이럴 때일수록 하나님께 시선을 고정하자. 하나님께 소망을 두면 거친 파도 속에서도 굳건히 서 있을 수 있다. 마치 폭풍우 속의 촛불처럼, 우리의 믿음은 어둠 속에서 빛날 것이다. 오늘도 우리는 희망의 노래를 부를 수 있다. 하나님과 함께라면 어떤 어려움도 이겨낼 수 있다.

은혜의 발자국

1. 내 삶의 여정 가운데 나를 낙심하게 하거나 불안에 떨게 하는 부분들이 있었다면 어떤 일인지 함께 나눠 봅시다.

2. 하나님께 소망을 두는 자만이 낙심과 불안에서 벗어나 참 평안을 얻게 됩니다. 하나님께만 소망을 두기 위해 내가 해야 할 일이 무엇인지 생각해 봅시다.

믿음의 기도

주님! 내 삶의 문제에 매몰되어 낙심하거나 불안에 떨지 않게 하시고, 오직 주님 원하시는 평안함이 내 삶에 충만하게 하옵소서.

18.
빈 그물을 씻는 순간,
채움의 역사가 시작된다

> 시몬이 대답하여 이르되 선생님 우리들이 밤이 새도록
> 수고하였으되 잡은 것이 없지마는 말씀에 의지하여 내가
> 그물을 내리리이다 하고(눅 5:5)

·· 몰입과 집중의 시간

밤새도록 무엇인가에 몰두해 본 경험이 있는가?

법학도 시절, 나는 이해하기 어려운 내용을 붙잡고 밤을 새운 날이 한두 번이 아니었다. 쉽지 않은 시간이었지만, 그렇게 매 순간 학문에 몰두하며 미래를 향해 나아갔다. 물론 몰입했다고 항상 좋은 결과를 얻었던 것은 아니다. 오히려 좌절을 더 많이 경험했기에, 조금은 흔들리지 않고 이 길을 걷게 된 것이 아닌가 싶다.

보통 사람들은 '몰입'이나 '집중'이라는 단어 뒤에 '성공'이나 '승리'라는 결과가 따라올 때 희열을 느낀다. 이는 자신이 고생

하고 수고한 대가를 얻었다고 생각하기 때문이다. 하지만 같은 노력에도 '실패'나 '헛수고'가 찾아온다면 허망함과 힘겨움을 느끼기 쉽다. 특히, 한 분야의 전문가에게 이러한 결과가 발생하면 '낙심', '실망', '낙망'과 같은 감정에 휩싸여 회복하기 어렵다.

예수님의 수제자였던 시몬 베드로에게도 그런 시간이 있었다. 다른 제자들과 함께 예수님의 말씀을 들을 때, 그는 빈 그물을 씻고 있었다. 밤새 고생했지만 아무것도 얻지 못한 채 베드로는 허탈감에 잠겨 있었을 것이다. 그때 예수님이 다가와 말씀하셨다.

> 깊은 데로 가서 그물을 내려 고기를 잡으라(눅 5:4).

밤새 수고하고 아무것도 얻지 못했지만 예수님의 명령에 베드로는 "말씀에 의지하여 내가 그물을 내리리이다"라고 대답했다. 무슨 생각으로 그렇게 대답했는지 알 수 없지만, 순종의 결과는 놀라웠다. 많은 물고기가 잡혀 그물이 찢어질 지경이었고, 다른 동무들의 도움이 필요했다. 밤새 빈손으로 돌아온 경험은 익숙했지만, 누군가의 조언을 듣고 엄청난 양의 물고기를 잡은 경험은 처음이었을 것이다.

그 순간 베드로는 '이분은 뭔가 다르다'고 직감했을 것이다. 그리고 그는 하나님의 임재에 압도되어 고백했다.

> 주여 나를 떠나소서 나는 죄인이로소이다(눅 5:8).

그런데 여기서 베드로의 고백이 이상하다. 주님 때문에 많은 물고기를 얻었다면, "주여, 나와 함께하옵소서"라고 고백하는 것이 더 자연스러웠을 것이다. 하지만 시몬은 자신의 죄인 됨을 고백했다. 이후 주님은 시몬에게 "네가 사람을 취하리라"(눅 5:10) 말씀하시며 낙망해 있던 어부를 사명자로 세우셨다.

·· 빈 그물만 씻던 사람들

사실 이런 일들은 성경에만 등장하는 이야기가 아니다. 코로나 팬데믹 시절에, 졸지에 '빈 그물'만 씻어야 했던 성도들이 한둘이 아니었다. 저마다의 이유로 실의에 빠져 있던 이들에게 주님이 찾아오셔서 새로운 길을 모색하게 하셨다. 그 결과 집중해야 할 것이 무엇인지를 깨닫게 하시고, 그들을 회복시켜 사명자로 다시 세우시는 역사를 이루셨다. 말씀을 통해 주님은 우리가 무엇을 위해 살아야 할지를 알려 주시고, 믿음으로 응답하는 방법을 가르쳐 주셨다. 그것이 최악의 환경 속에서도 일어설 수 있는 유일한 길이었다. 믿음으로 반응한 이들에게 사명자의 길이 열리게 됐다.

시몬 또한 마찬가지였다. "밤이 새도록 수고하였으되 잡은 것이 없지마는"(눅 5:5)이라고 말한 후, 그는 "말씀에 의지하여" 주님의 말씀에 순종했다. 그때는 아직 베드로가 예수님과 깊은 교제를 나누던 때는 아니었다. 장모가 고침을 받았지만, 그는 주님을 아직 잘 알지 못했다. 이런 상황에서 시몬이 "말씀에 의지하여" 그물을 내리겠다고 한 것은 단순한 믿음보다는 '일단 해보자'는 결단에 가까웠을 것이다. '속는 셈 치고, 주님의 말씀대로 해보겠다'라는 투의 말이다. 아마도 예수님을 잘 알지 못하던 베드로에게 갑작스러운 큰 믿음의 고백은 어려웠을 것이다. 하지만 이렇게 작은 믿음의 순종에도, 주님은 놀라운 역사로 응답하셨다.

낙심하고 낙망했다는 이유로 아무것도 하지 않으면, 아무 일도 일어나지 않는다. 어려움에 처해 있다 하더라도, '그럴 수 있어'라고 생각하며 다시 사명의 자리로 나아갈 때 놀라운 일들이 시작된다. 바로 그 순간 주님은 당신이 씻는 빈 그물을 다시 채우시는 역사를 일으키실 것이다.

·· **빈 그물을 채우시다**

작은 일에 순종할 때마다 하나님은 내가 예상치 못한 놀라운 일들로 응답하셨다. 회사를 그만두고 신학교에 간다고 했을 때, 많은 이들이 채워져 있는 그물을 비운다고 반대했지만, 하나님이 준비해 주신 사역지를 통해 반대하던 사람들의 마음이 가벼워졌던 경험이 있다. 오랫동안 섬기던 사역지를 떠날 때도 나는 '빈 그물' 상태로 돌아가야 했지만, 하나님 주신 마음에 순종하고 걸어갔더니 채우시는 역사를 경험하게 됐다.

지금 돌이켜 보면 그 모든 결정의 순간마다 내 힘으로 한 것이 하나도 없었다. 하나님은 항상 '빈 그물' 상태였던 나에게 사람의 경험을 넘어서는 은혜로 채우셨고, 이를 통해 살아계신 하나님을 고백할 수 있도록 인도하셨다.

"신앙생활을 오랫동안 하지 않아서, 믿음이 없어서 그런 행동 못해요."

이런 말은 자기 합리화에 불과하다. 베드로는 자기 행동에 관한 이유를 찾기보다, 주님이 말씀하신 권위를 인정하고 즉각적으로 반응하는 삶을 살았다. 고민하지 않고 행동하는 것, 그것이 기적을 낳는다. 물고기를 잡던 어부가 예수님의 부르심에 응답하여 제자가 된 것보다 더 큰 기적이 있을까?

내 삶의 '빈 그물' 때문에 낙심할 필요가 없다. 오히려 빈 그물이 은혜이다. 하나님이 이루시는 역사를 경험하게 하고, 채우시는 은혜를 누리게 하는 하나님의 큰 그림 중 하나이기 때문이다. 따라서 낙심(落心)을 충심(忠心)으로 바꾸시고, 빈 그물을 찢어질 정도로 채우시는 주님의 역사는 내 삶에도 동일하게 일어날 것이니 낙심하거나 절망할 필요가 없다. 채우실 주님의 은혜를 기억하며 사는 것이 사명자가 가야 할 길이다.

은혜의 발자국

1. 내 삶의 여정 가운데 '빈 그물' 때문에 고민했던 경험이나 사건이 있었다면 무엇인지 생각해 봅시다.

2. 낙심과 낙망을 넘어 채우실 주님의 은혜를 기억하며, 사명자로 살기 위해 내가 결단해야 할 것은 무엇인지 생각해 봅시다.

믿음의 기도

주님! '빈 그물' 때문에 낙심하거나 낙망하지 않게 하옵소서. 다시 채우실 주님의 은혜를 기다리고 놀라운 은혜의 역사를 기대하며 살아가는 사명자로 거듭나게 하옵소서.

19.
영혼의 갈증을 끝내고
해갈의 기쁨을 누리다

하나님이여 사슴이 시냇물을 찾기에 갈급함 같이
내 영혼이 주를 찾기에 갈급하니이다 내 영혼이 하나님
곧 살아 계시는 하나님을 갈망하나니 내가 어느 때에
나아가서 하나님의 얼굴을 뵈올까 (시 42:1~2)

·· 생명수 같은 은혜

유격 훈련 중 '도피 및 탈출' 생존 훈련을 경험했다. 극한의 상황에서 살아남기 위해 쉼 없이 달리고 몸을 숨기는 훈련이었다. 밤낮없이 이어지는 고된 훈련은 훈련생들을 지치게 만들었고, 그러다 보니 가장 귀하게 여겨졌던 것은 단연 '물'이었다. 훈련생들은 항상 수통이 가득하기를 바랐지만, 땀으로 흠뻑 젖은 몸은 수분을 빠르게 소모했고, 수통은 금세 비어 버렸다. 쉽게 물을 보충할 수 없는 상황이었기에, 목말라 죽을 것 같은 고통 속에서 나눠 마시는 수통 속 물 한 모금은 마치 생명수 같았다.

물 한 모금이 목말라 쓰러지는 사람에게 생기를 주듯이, 주님과의 만남은 한 영혼을 살리는 생명수와 같다. 사실 오랫동안 주님과의 교제가 단절된 상태로 지내는 사람은 자신의 영혼이 메말라 가는 것도 모른다. 그나마 자기 영혼이 목마르다고 느낀다면, 그것은 살아 있다는 반증이다. 그래서 오히려 희망이 있고 소망이 있다.

안타까운 사실은 주님과의 교제가 단절된 상태에서 오랜 시간을 보내다 보니, 어떻게 영혼의 목마름을 끊어내야 할지 모르는 사람들이 많다는 것이다. 자기 분야에서 성공하고 부족함이 없어도 인간의 존재 목적이 무엇인지 모르는 사람은 '내 삶에 무엇이 빠졌는지' 망각한 상태로 살 때가 많다. 그런 사람은 하나님의 필요성을 못 느끼고 영적 위험도가 높은 상태에 있다.

그러므로 사람은 자신이 창조된 목적을 깨닫고 살 때 안전함을 누릴 수 있다. 사람은 육신의 몸을 입고 살아가지만, 영적 존재이기에 하나님과의 교제 없이는 영적 갈증을 해결할 수 없다. 오직 하나님과의 관계가 회복됨을 통해서만 자신의 존재 가치가 회복하고 영혼의 목마름을 해결할 수 있는 것이다.

·· 목마른 사슴이 시냇물을 갈구하듯

만일 당신이 다시금 생명력을 얻기 원한다면, 하나님 앞에 나아와 예배해야 한다. 예배는 하나님께 영광을 돌리기 위해 우리에게 허락하신 회복의 시간이다. 하나님을 경배하고 찬양하며 마음의 방향을 하나님께로 돌리고 기도를 통해 하나님과 소통하면 그 마음을 기쁘게 받으시는 하나님이 당신을 회복시키실 것이다.

이것은 예배하는 자만이 느끼는 기쁨과 행복이며, 예배하는 자만이 누리는 특권이다. 세상의 모든 부와 명예를 누린다 할지라도, 주님이 주시는 '생수의 강'을 누리지 못하는 순간 그 영혼은 죽은 영혼이 된다.

시인은 이 사실을 누구보다도 잘 알았다. 그래서 사슴이 시냇물을 갈구하듯, 그는 주님을 향한 갈급한 마음을 노래했다. 그는 영혼의 목마름을 해소하고자 하나님을 간절히 찾았고, 그의 마음은 메마른 땅이 단비를 갈구하는 하나님을 찾아 부르짖었다.

문제는 이런 '갈급함'이 있어도 어려움을 겪을 수 있다는 것이다. 주님과의 만남으로 풍족한 은혜를 누리면서도 이해되지 않는 상황에 봉착해 본 적이 있을 것이다. 아무리 말씀을 읽고, 기도를 하고, 예배의 자리로 나아가도 기쁨이 느껴지지 않을 때가 있다. 문제 해결을 위해 내가 할 수 있는 최선을 다하고 있지만, 아무런 변화가 없다면 어떻게 해야 할까?

사실 이처럼 영혼의 목마름을 해결하고 싶어 신앙 훈련에 참여하는 분들이 많다. 혼자서는 영혼의 생수를 누리기 어렵다고 느꼈기 때문이다. 나는 이런 분들을 만날 때마다 "정말 잘 결정하셨습니다"라고 격려하며 간절히 기도해 드린다. 그런 상황에 있는 사람은 누군가의 도움이 절실하기 때문이다. 이는 마치 아말렉 전투에서 모세 혼자 힘으로는 승리할 수 없었기에 하나님이 아론과 훌을 통해 모세의 팔을 붙잡게 하신 상황과 같다. 혼자 버티기 힘들 때는 동역자의 도움을 받아야 한다.

누군가 널 위해 기도하네

〈마음이 지쳐서 기도할 수 없고〉(원제: 누군가 널 위해 기도하네)라는 찬양을 들어 본 적이 있는가? 그 찬양 후렴구에서 이렇게 노래한다.

누군가 널 위하여
누군가 기도하네
네가 홀로 외로워서 마음이 무너질 때
누군가 널 위해 기도하네.

내게 닥친 문제를 혼자 해결할 수 없을 때, 함께 모여 문제를 나누고 해결 방안을 찾다 보면 하나님이 주시는 지혜를 발견하고 소망을 되찾을 수 있다. 결국 내 안의 갈급한 심령을 가지고 동역자들과 함께 영혼의 문제를 해결하기 위해 힘쓴다면, 하나님이 계획하신 때에 맞게 회복의 역사를 경험하게 될 것이다.

만일 당신이 아직 소그룹에 속하지 않았다면, 더 이상 미루지 말고 고민을 함께 나눌 동역자들이 있는 곳으로 나아가 보라. 교회 소그룹은 당신을 지지하고, 함께 성장하기를 소망하는 사람들이 모인 따뜻한 공동체다. 당신은 분명 소그룹을 통해 주님을 함께 찾아가는 기쁨을 만끽하게 될 것이고, 예수님의 사랑을 깊이 체험하는 시간을 갖게 될 것이다. 무엇보다 그들은 당신의 어려움을 공감해 줄 것이며, 당신이 흔들리지 않는 신앙을 가질 수 있도록 도와줄 것이다.

이처럼 성도는 영혼이 목마를 때 주님을 찾아야 한다. 그리고 혼자서 주님께 나아가기 힘들다면 함께 힘을 모아서라도 나아가야 한다. 바로 그 순간 주님이 베푸시는 위로를 통해 영과 육이 풍족함을 누리게 될 것이다.

혹시 지금 이 순간 낙망에 빠져 있는가? 주님께 대한 소망과 거리를 두고 살고 있는가? 영혼의 갈증이 육신마저도 지치게 하는 경우를 많이 보았다. 지금 이 시간 주님이 부르시는 자리로 나아가 내 안의 갈급함을 해결하기 위해 엎드려 기도하면 어떨까?

주님께 모든 것을 맡기고 두려움 없이 나아간다면 생수의 근원 되시는 주님이 당신의 목마름을 해갈해 주실 것이다. 모든 문제를 해결하시는 주님이 놀라운 역사를 일으키실 것이다. 영혼의 목마름은 주님을 마셔야만 해결된다는 사실을 잊지 말자.

은혜의 발자국

1. 영혼의 갈증에 휩싸여 힘겨워하는 시간을 가진 경험이 있다면 언제입니까?

2. 영혼의 갈증을 해결하실 주님을 기대하며, 주님을 온전히 찾기 위해 내가 결단하고자 하는 것이 있다면 무엇인지 나눠 봅시다.

믿음의 기도

주님! 영혼의 갈증으로부터 벗어나기 위해 주님께 대한 갈급함으로 주님께만 소망을 두고 나아가는 인생이 되게 하여 주옵소서.

20.
마음의 소원이 끊어졌다고
느낄 때가 시작이다

나의 날이 지나갔고 내 계획, 내 마음의 소원이
다 끊어졌구나(욥 17:11)

·· 고통 속에서

'왜 하나님은 나의 기도를 들어주시지 않지?'
'어떻게 이럴 수 있지?'
'내 삶에 봄날은 언제 오지?'

고통 속에 있는 사람에게는 종종 이런 자조적인 말들이 입술을 맴돌 때가 있다. 그러다 보면 입술의 언어가 마음에도 영향을 끼쳐, 자신도 모르게 우울함 속에 빠지게 된다. '지금은 어쩔 수 없어'라는 자기 합리화로 현실을 회피하고, 마음은 점점 좁아지고 고립되어 간다.

성도들의 가정을 심방해 보면 가정마다 아픔과 슬픔을 한 가지씩은 가지고 있다. 개인의 건강, 진로, 결혼 문제, 부부간의 갈등, 부모 자식 관계, 직장 생활 등이 생각대로 이루어지지 않아 어려운 시간을 보내고 있는 분들의 이야기는 가슴 아프다.

욥에게 닥친 고통은 상상할 수 없을 정도였다. 뼛속까지 사무치는 참기 힘든 고통이었다. 욥은 스스로 "내 마음의 소원이 다 끊어졌구나"라고 고백했다. 그것은 자신을 찾아와 위로하는 자는 없고 조롱하는 자만 있음을 보며 느낀 감정이었다. 욥은 사람들이 던지는 말에 지쳤고, 계획도 희망도 다 사라졌다고 생각할 수밖에 없었다.

욥의 입술에는 희망이 아닌 절망만 흘렀고, 그의 눈은 조롱하는 친구들 보기를 두려워했다. 마음은 점점 더 쪼그라들었고, 급기야 이 땅에서의 삶에 소망을 둘 수 없는 상황처럼 느꼈다. 그는 "하나님을 경외하며 악에서 떠난 자"(욥 1:1)였기에, 자신에게 찾아온 이 고통을 이해할 수 없었을 것이다.

욥의 모습을 보며 똑같은 감정을 느끼는 성도들이 분명 있을 것이다. 그들은 '하나님을 경외하고 예수님을 믿고 따르는 사람이라면 복을 받고 잘되어야 한다'는 생각을 품고 산다. '같은 교회를 섬기며 함께 신앙생활을 하는 어떤 권사님의 가정은 모든 일이 잘 풀리는데, 왜 우리 가정은 이런 어려움 속에서 살아야 하는지' 이해되지 않을 때도 있었을 것이다. 이 고통이 빨리 끝나기를 바라며 동역자들에게 기도를 부탁하지만, 마음은 여전히 힘들다. 이 고통이 나에게만 머물러 있는 것처럼 느껴질 때, 우리는 어떻게 해야 할까? 하나님은 정말 나를 떠나신 것일까?

·· 하나님이 다 듣고 계시다

그러나 곰곰이 생각해 보면, 지금의 고통이 언제 끝날지는 알 수 없어도 한 가지 확실한 것이 있다. 그것은 "나의 날이 지나갔고 내 계획, 내 마음의 소원이 다 끊어졌구나"라는 고백을 들으신 하나님이 지금 당신과 함께 계신다는 사실이다. 하나님은 당신의 어려움을 알고 계시고, 지금 이 순간에도 당신의 마음을 지켜보고 계신다.

내가 하나님을 떠나 죄 가운데 있을 때, 하나님은 구원자 예수님을 보내셨고, 예수님이 십자가에서 죽으심으로 말미암아 우리는 죄로부터 구원을 얻게 됐다. 그만큼 하나님은 당신을 사랑하시고 당신과 함께하시기를 원하신다는 사실을 기억해야 한다.

사실 하나님은 예수님의 죽음을 가장 고통스럽게 느끼신 분이시다. 자기 아들의 죽음에 대해 누구보다도 마음 아프게 생각하신 분이시다. 하지만 나와 당신을 살리시기 위해 이 같은 결정을 하신 것이다. 그런 하나님을 과연 내가 이해할 수 있을까? 내게 주어진 고통 때문에 하나님을 원망하고 있다면, 하나님이 나로 인해 받으신 고통에 대해 나는 얼마나 이해하고 있는가?

하지만 하나님은 이런 나에게 실망하지 않으시고 인내하시며 여전히 지켜보고 계신다. 로마서 5장 3-5절에서 이렇게 말씀하신다.

> 다만 이뿐 아니라 우리가 환난 중에도 즐거워하나니 환난은 인내를, 인내는 연단을, 연단은 소망을 이루는 줄 앎이로다(롬 5:3-5).

고난은 힘든 경험이지만 우리를 성숙하게 만든다. 우리는 고난을 통해 인내를 배우고, 인내를 통해 연단되며, 이 과정을 통해 미래에 대한 소망을 품게 된다. 그러므로 고난은 우리를 성장시키는 기회다. 우리는 이를 통해 하나님께 더 가까이 나아갈 수 있다.

시편 119편 71절에서 시인은 "고난 당하는 것이 내게 유익이라 이로 말미암아 내가 주의 율례들을 배우게 되었나이다"라고 고백했다. 이것은 고난을 받아들이는 성도의 자세를 명확히 보여 준다. 고난은 결코 우리에 대한 형벌이 아니다. 고난을 통해 우리는 하나님을 찾게 되고, 그분이 원하시는 것을 배우게 된다. 결국 성도는 고난을 통해 하나님을 알아가게 되는 것이다.

·· 고통, 나를 성장시키는 원동력

한때 하는 것마다 되지 않아 좌절 속에서 헤어나지 못할 때가 있었다. 구석에 갇혀 빠져나오지 못하는 것 같은 상황에서 하나님은 기가 막힌 방법으로 길을 여시고 인도하셨다. 나는 하나님의 놀라운 계획 속에서 살아가고 있었다. 그래서 놀라거나 두려워할 필요가 없음을 알게 됐다. 그러면서 깨닫게 된 것이 있다.

'고통은 내가 조정할 수 있는 것이 아니야. 하나님이 자기 아들을 십자가로 보내시면서 느끼신 감정은 상상조차 할 수 없어. 하지만 그 책임을 내게 묻지 않으시고, 하나님은 그 고통을 감내하셨어. 만일 내게도 이런 고통이 있다면, 그것은 의미가 있기 때문이야. 고통은 나를 발견하기 위한 도구이고 하나님의 뜻을 알기 위한 재료야. 고통을 통해 나를 알고 하나님의 뜻을 발견할 수 있다면, 이 고통은 나를 성장하게 만드는 원동력이야.'

하나님은 지금도 나의 계획과 소원이 아니라 하나님의 계획과 소원으로 내 생각과 행동이 바뀌기를 원하신다. 지금까지 하나님을 경외하며, 내 기준에서 하나님의 뜻을 실현하려고 했다 할지라도, 하나님은 내게 마지막 남은 나의 의까지도 하나님의 뜻으로 바꾸기 원하시는 것이다.

따라서 지금 당장 내가 할 수 있는 일은 내게 주어진 고통을 통해 하나님의 뜻을 발견하기 위해 힘쓰는 것이다. 고통 앞에서 불평과 불만을 토로하는 인생이 아니라, 고통을 주님께 맡겨 버리는 인생을 사는 것이 답이다. 만일 나의 고통을 주님께 맡긴다면, 하나님은 고통을 통해 당신을 성장시키실 것이다. 그렇다면 다음과 같은 말을 나 자신에게 외쳐 보면 어떨까?

"그래, 내가 할 수 있는 것을 해보자. 나의 계획과 소원은 끝난 것이 아니라 이제부터 시작이야."

은혜의 발자국

1. 나의 계획과 나의 소원이 모두 끝났다고 느꼈던 적이 있다면 언제입니까?

2. 나의 계획과 소원이 아닌, 하나님의 계획과 소원이 내 삶을 통해 이루어짐을 믿고 살기 위해 내가 결단해야 할 것은 무엇인지 함께 나눠 봅시다.

믿음의 기도

주님! 고통 속에서 헤매는 나의 영혼을 위로하여 주시고, 오직 주님의 계획과 소원에 의지하여 믿음으로 사는 인생을 살게 하옵소서.

21.
소망은 세상에 두는 것이 아닌 하나님께 두는 것이다

> 네 마음으로 죄인의 형통을 부러워하지 말고 항상 여호와를 경외하라 정녕히 네 장래가 있겠고 네 소망이 끊어지지 아니하리라(잠 23:17~18)

·· 타인의 성공이 부러울 때

조급함에 휩싸여 타인의 성공을 부러워했던 시절이 있었다. 졸업과 제대 후 사회에 첫발을 내딛으며 자연스럽게 타인과의 비교가 잦아졌다. 다양한 경험을 쌓고 싶었고 나만의 길을 찾고자 안달했다. 평범하게 살아가도 충분했을 텐데 말이다. 마음속 깊은 곳에 자리 잡은 채워지지 않는 욕심이 나를 끊임없이 흔들었다. 머리로는 남의 성공을 부러워하지 않겠다고 다짐했지만, 정작 내 시선은 이미 '성공'이라는 단어에 묶여 있었다. 남들과의 비교는 나 자신에게 집중하기보다 타인의 성공에 더 큰 관심을 쏟게 만들었다.

누구나 한 번쯤 어려움 속에서 자신에게만 고통이 집중된 것처럼 느끼고, 왜 다른 사람들은 형통한데 나는 그렇지 못한지 의문을 품어본 적이 있을 것이다. 하나님이 아닌 다른 것에 집착하고, 삶의 목적을 잃고 방황했던 경험은 누구에게나 고통스러운 기억일 것이다.

혼란에서 벗어나려면 온전히 집중해야 한다. 몰입 상태에 이르면 더욱 효과적으로 정리할 수 있고 새로운 시각을 얻을 수 있다. 솔로몬은 이미 오래전에 이 진리를 깨닫고, "죄인의 형통을 부러워하지 말고 항상 여호와를 경외하라"라는 말을 남겼다. '죄인의 형통'이란 하나님의 법을 어기고 살면서도 세상적인 성공을 누리는 것을 의미한다.

자신도 모르게 이런 성공을 부러워하는 마음을 가질 수 있으나, 솔로몬은 이런 겉모습에 속아 하나님께 향하는 시선이 흔들리는 것을 경계했다. 그는 오직 "항상 여호와를 경외하라"라는 말로 자신의 마음을 잡으면서, 하나님 말씀에 순종하는 것이 복이라고 선포했던 것이다. 죄인의 형통에 시선을 빼앗기지 말고 하나님께만 집중하는 것이 장래가 있고 소망이 끊어지지 않는 삶이라고 말하고 싶었던 것이다. 결국 여호와께 시선을 집중할 때, 하나님이 주시는 평안을 얻게 됨을 알아야 한다.

그리스도인은 하나님을 경배하며 살 때, 하나님이 주시는 복을 누린다. 그것은 세상에서 말하는 형통과는 차원이 다르다. 잠깐 누리고 사라지는 복이 아니라 영원으로 인도하는 복을 누리는 것이며, 하나님의 통치 가운데 거하는 것이다. 이것은 내 인생을 내가 결정하는 것이 아니라 하나님이 결정하신다는 뜻이다. 그러므로 하나님이 인도하시는 인생을 두고 불평하거나 불만을 터트리는 것은 그 자체가 여호와 하나님을 경외하지 않는 것이다. 오직 하나님이 나의 인생을 만들어 가실 것을 믿고, 내 눈에 앞이 보이지 않아도 믿음으로 한 걸음씩 내딛는 삶을 살 때 가장 안전한 걸음을 보장받을 수 있다.

·· 혼란스런 지난 날들

목회자의 삶을 살면서 쉽지 않은 순간들이 많았다. 모든 발걸음을 조심스럽게 내디뎌야 했고, 그런 걸음을 통해 내게 주신 사명을 굳건히 세울 수 있었다. 물론 여전히 내 안에 남아 있는 혼란스러움을 정리하는 것은 쉽지 않은 일이다. 그럼에도 용기 내어 이 길을 걸어가는 이유는, 내가 하나님을 사랑하고 경외하기를 기뻐하기 때문이다. 주님이 원하시는 예배자로 사는 것이 삶의 목적임을 깨달았을 때, 하나님은 내 앞길을 인도하시고 하나님께 소망을 두게 하셨다.

미국 생활을 정리하며 진로를 끊임없이 고민했다. 마치 정리되지 않은 책상 위에서 공부하는 것처럼 혼란스러운 날들이 계속됐다. 그러던 어느 날, 안식일에 대한 묵상을 하게 됐다. 6일간 일하고 7일째는 쉬라는 말씀을 어릴 때부터 늘 들어왔지만, 그날 따라 이 말씀이 '내가 정말 여호와를 온전히 경외하고 있는가?' 라는 물음으로 다가왔다.

여호와를 경외하는 사람은 하나님이 가라고 하실 때 가고, 멈춰 서라고 하실 때 서야 하는데, 그동안 나는 달리는 훈련만 했을 뿐 멈춰 서는 훈련을 하지 않았음을 깨달았다. 그 순간 하나님은 내 마음을 다시 한번 깊은 묵상으로 인도하셨고, 마침내 지금의 길로 인도하셨다. 마음이 침착해진 나는 불안과 근심을 끊어내고, 타인과의 비교를 멈추었으며, 오직 하나님 나라를 위해 살아가는 기쁨을 발견하게 됐다.

·· 흔들리지 말아야 할 이유

남을 부러워하는 마음은 자신을 초라하게 만들고, 내가 걷고 있는 길이 잘못된 것은 아닌지 의문이 들게 한다. 하지만 우리가 이 세상에 존재하는 이유, 오늘 하루를 살아가는 목적, 그리고 행하는 모든 노력은 하나님이 주신 사명을 이루기 위함이다.

하나님이 부여하신 사명대로 살아가며 그분을 경외하는 것, 그것만으로도 충분히 의미 있는 삶이다. 주변의 시선이나 평가가 나를 흔들더라도, 내가 믿는 길이 옳다고 확신한다면 흔들리지 말아야 한다. 속도가 더뎌서 가야 할 길이 아직 많이 남아 있을 수는 있지만, 방향이 옳기에 결국에는 하나님을 경외하는 삶이 주는 놀라운 은혜를 경험하게 될 것이다.

우리의 생각의 틈을 노리고 들어와 끊임없이 우리를 공격하는 악한 세력이 존재한다. 치열한 영적 전투를 치르는 것처럼, 우리는 매 순간 유혹에 맞서 싸워야 한다. 마귀는 우리의 허기를 이용해 유혹하고, 절망에 빠뜨리려 하며, 심지어 하나님의 자리에 서라고 요구하기도 한다. 이러한 유혹에 흔들리지 않아야 하나님을 향한 시선을 놓치지 않고 여호와 하나님을 온전히 경외할 수 있게 된다.

이 영적 싸움은 단순히 의지력 싸움이 아니다. 악한 세력은 우리의 가장 약한 부분을 파고든다. 이 모든 유혹은 그리스도인으로서의 정체성을 흔들고, 하나님의 자녀다움을 지키려는 우리의 결심을 끊임없이 흔든다. 그럴 때마다 우리는 예수님이 보여 주신 대로 하나님의 말씀으로 승리해야 한다. 그래서 우리에게는 말씀으로 무장하는 시간과, 참된 예배자로 하나님 앞에 나아가는 훈련이 필요하다.

다윗처럼 춤추며 전심으로 예배하고 하나님께 영광 돌리는 사람이 되자. 하나님을 경외하고 예배할 때, 우리의 혼란은 사라지고 하나님이 인도하시는 앞날을 보게 될 것이며, 미래에 대한 소망을 가지고 힘찬 삶의 여정을 나아갈 수 있음을 믿자. 소망은 세상에 두는 것이 아니라 하나님께 두는 것이다.

은혜의 발자국

1. 다른 이들의 형통을 부러워하며, 내 삶 가운데서 소망이 끊어졌다고 느꼈을 때가 있다면 언제입니까?

2. "소망은 세상에 두는 것이 아니라 하나님께 두는 것이다"라는 말에 대한 자신의 생각은 어떠한지 이야기해 봅시다. 내 소망을 하나님께 두고 살기 위해 무엇을 결단할 수 있는지 기록해 봅시다.

믿음의 기도

주님! 죄인의 형통을 부러워하는 인생을 사는 것이 아니라, 주님께 예배드리는 인생 가운데 소망이 있음을 깨닫도록 인도해 주옵소서.

22.
부르짖는 자는
결국 항구에 다다르게 된다

> 이에 그들이 그들의 고통 때문에 여호와께 부르짖으매
> 그가 그들의 고통에서 그들을 인도하여 내시고 광풍을
> 고요하게 하사 물결도 잔잔하게 하시는도다 그들이
> 평온함으로 말미암아 기뻐하는 중에 여호와께서 그들이
> 바라는 항구로 인도하시는도다(시 107:28~30)

·· 평안과 공포의 바다

  나는 어린 시절 항구도시 부산에서 자랐다. 할아버지께서 6.25 전쟁 때 피난 오셔서 정착하신 이후 우리 가족은 대대로 부산에서 살았다. 부산하면 떠오르는 것이 바다다. 해운대, 광안리 같은 해수욕장은 물론, 자갈치와 남포동 근처의 바다는 나에게 너무나 익숙한 환경이었다. 특히 아버지께서 선장이셨기 때문에 바다는 우리 가족의 일상이었고 삶 그 자체였다.
  많은 이들이 바다를 보며 평안함을 느낀다. 잔잔한 물결은 지

친 마음에 위로를 건네고, 탁 트인 수평선은 답답한 가슴을 시원하게 해준다. 나에게 바다는 늘 평안한 안식처였다. 아무것도 하지 않고 바다를 바라보는 것만으로도 마음이 차분해졌고, 세상의 모든 시름을 잊을 수 있었다.

그러나 바다가 언제나 평안하기만 한 것은 아니었다. 여름철 태풍이 몰아칠 때면, 평화로운 바다는 순식간에 흉포한 모습으로 변했다. 거대한 파도가 해안을 덮치고 맹렬한 바람이 몰아치는 모습 앞에서 인간의 나약함을 느낄 수 있었다. 평화로운 바다가 공포의 대상으로 돌변할 수 있다는 사실은, 자연의 위대함 앞에 인간이 얼마나 작은 존재인지를 깨닫게 해주었다.

시편의 시인이 말하는 곳은 모든 이에게 평안과 공포를 동시에 안겨주는 곳이다. '미리 대비했다면 달라졌을까?'라는 생각이 들지만, 인간의 힘으로 거대한 자연을 길들인다는 것은 불가능하다. 그럼에도 많은 이들이 바다를 삶의 터전으로 삼는 것은, 그 위험을 감수하고서라도 얻는 보람이 있기 때문이다. 인생이라는 바다도 마찬가지다. 언제 인생의 풍파가 몰아칠지 예측할 수 없고, 그 파도를 어떻게 헤쳐 나가야 할지 알 수 없다. 그러나 인생이 아무리 험난해도 주님이 함께하신다면, 그 위험을 넘어서는 놀라운 역사를 경험하게 될 것이다.

⋯ 우리가 죽겠나이다

마태복음은 갈릴리 호수에서 펼쳐진 예수님과 제자들의 드라마틱한 장면을 생생하게 그려냈다. 거친 풍랑 속에서 제자들은 절망적으로 외쳤다.

주여 구원하소서 우리가 죽겠나이다(마 8:25).

예수님이 배 안에서 잠들어 계신 모습을 보며 제자들의 불안감은 더욱 커졌다. 그때 예수님은 잠에서 깨어 바람과 물결을 꾸짖으시고 풍랑을 잠재우셨다. 그리고 제자들에게 "너희 믿음이 어디 있느냐"라고 물으셨다. 함께 계신 주님을 잊고 풍랑 앞에서 두려워하고 흔들리는 모습은 예수님의 제자에게 어울리지 않는다고 생각할 수도 있지만, 그들도 인간이었다.

우리 또한 작은 풍랑에도 흔들리며 주님을 의심하고 원망하곤 한다. 왜 하필 나에게 이런 일이 일어나는지, 주님은 어디에 계시는지 불평하며 시간을 낭비한다. 이런 때일수록 주님께 간구해야 하는데, 기도보다는 불만이 나올 때가 많다.

문제는 하나님이 아니라 나의 믿음이다. 거센 풍랑 앞에서 주님을 의심하기보다 주님이 역사하실 것을 믿어야 한다. 주님은 풍랑을 잠재우시고 광풍을 고요케 하실 능력을 가지신 분이시다. 절망 속에서 부르짖는 우리의 기도에 응답하시고 길을 열어 주시는 분이 주님이시다.

그러나 갑작스럽게 찾아오는 두려움이 머리로 알고 있는 명백한 사실을 잊게 만든다. 따라서 두려움을 이기는 믿음의 역사가 삶에서 이어지려면 하나님의 말씀을 마음에 새겨야 한다. 그래야만 어떤 상황 속에서도 방향을 잃지 않고 바라는 항구에 도달할 수 있다.

하나님은 지금도 일하고 계신다. 고통받는 이스라엘 백성을 출애굽 시키신 하나님이 지금도 우리와 함께하신다. 우리의 믿음이 부족해도 하나님은 쉬지 않고 일하시며 예상치 못한 방식으로 우리를 인도하신다. 가만히 생각해 보면, 하나님이 광풍과 물결을 잔잔하게 하시는 것은 아무것도 아니다. 아무리 거센 파도가 몰아쳐도, 선하신 하나님이 일하시기 때문에, 광풍과 물결이 잔잔해지지 않는 것이 오히려 기적이다.

·· 선장 되신 하나님

언젠가 함께 훈련하던 성도들과 기도 응답에 대해 이야기를 나눴다. 연초에 하나님 앞에 자신이 내어놓았던 기도 제목을 연말이 되어 살펴봤는데, 하나님은 하나도 빠짐없이 정교하고도 세심하게 응답해 주셨다는 것이다. 물론 이 말이 모든 것이 기도한 사람의 생각대로 성취됐다는 뜻은 아니다. 하나님이 우리의 기도에 세심하게 응답하시며 하나님의 때를 알려 주시고, 이를 통해 하나님의 마음을 더 깊이 깨닫게 됐음을 의미한다. 믿음이 없이는 결코 할 수 없는 위대한 고백이 바로 이런 것이 아닐까?

이 놀라운 고백은 성경에도 기록되어 있다. 하나님의 백성을 향한 하나님의 도우심은 한순간도 멈춘 적이 없으며 지금도 현재진행형이다. 누군가는 하나님의 도우심이 기적이라 말하지만, 사실 하나님이 당신을 위해 아무것도 안 하시는 것이 오히려 기적이다. 하나님은 우리를 사랑하시기에 단 한순간도 우리의 삶에 개입하지 않으실 수 없다. 그러므로 하나님의 도우심은 너무나도 당연한 일이다. 그분은 언제나 자기 백성에게 참 평안을 주기 원하신다.

여호와 하나님이 선장으로 계신 배는 결국 안전한 '항구'에 도착할 것이기에 우리는 고통과 환난 앞에서 겁먹을 필요가 없다. 언제나 하나님을 향한 믿음을 가지고 당당하게 간구하며, 주님 원하시는 일을 하면 되는 것이다.

그러므로 우리에게 바다는 더 이상 혼란의 장소가 아니다. 우리의 바다는 안락함과 평안함을 누리는 장소이며, 하나님의 인도하심을 경험하는 신비의 공간이다. 그러므로 지금 찾아온 고통 앞에 무력함을 느끼기보다, 믿음으로 반응하며 나아가는 주님의 자녀가 되자. 믿음은 두려움을 몰아내고 하나님의 역사를 목도하게 만드는 가장 중요한 원동력이다.

은혜의 발자국

1. 내게 닥쳐 온 광풍과 출렁이는 물결로 인해, 혼란과 혼돈 속에서 매일을 살았던 경험이 있다면 언제입니까?

2. 우리를 안전한 항구로 인도하시는 하나님의 역사를 경험하려면, 우리에게 필요한 것은 무엇입니까?

――――― 믿음의 기도 ―――――

주님! 내 마음에 몰아친 고통과 고난으로 인해 주눅 드는 인생이 아니라, 오직 여호와 하나님이 항구로 인도하실 것을 믿으며 믿음으로 사는 주님의 제자가 되게 하옵소서.

23.
뒷동산의 나무를 가지고서라도
지금 재건해야 한다

> 너희는 산에 올라가서 나무를 가져다가 성전을 건축하라
> 그리하면 내가 그것으로 말미암아 기뻐하고 또 영광을
> 얻으리라 여호와가 말하였느니라 너희가 많은 것을
> 바랐으나 도리어 적었고 너희가 그것을 집으로 가져갔으나
> 내가 불어 버렸느니라 나 만군의 여호와가 말하노라
> 이것이 무슨 까닭이냐 내 집은 황폐하였으되 너희는 각각
> 자기의 집을 짓기 위하여 빨랐음이라 (학 1:8~9)

·· 외쳐야 할 이유

'코로나19'로 모든 것이 중단된 시간이 있었다. 많은 이들이 이 시간을 경험하기 전까지만 해도 마스크 착용은 아픈 사람들 또는 유명 연예인이나 운동선수들만 하는 줄 알았다. 그런데 전염병의 공포가 사람들의 복장과 행동을 변화시켰고, 마스크 미착용이 오히려 어색한 시기를 보냈다.

하지만 지금 우리는 코로나19 감염의 두려움에서 벗어난 시간을 살고 있다. 처음 다가왔던 혼란과 두려움은 지나가고, 모두가 새로운 시대를 경험하고 있다. 마치 재난이 발생하면 모두가 공포에 떨지만 시간이 지나면 언제 그랬냐는 식이다.

나는 '셧다운'$_{Shut\ down}$ 상황에서 드렸던 예배를 잊을 수 없다. 아무도 없는 예배당에서 카메라를 향해 설교했던 시간, '언제 모든 것이 회복될까' 하는 의구심 속에서 매일을 보냈던 기억이 있다. 사실 예배의 회복도 문제였지만, 당시 훈련을 위해 준비해야 했던 소그룹은 더 큰 문제였다. 많은 이들이 '예배도 드리지 못하는데 무슨 훈련이냐'라고 생각했다. 그러다 보니 훈련을 이어 가자는 말이 현실을 모르는 사람의 공허한 외침처럼 느껴지곤 했다.

하지만 교회의 존재 이유인 '예배, 훈련, 증거'가 무너지는 상황 속에서 "어떻게든 방법을 연구해서 이 시기를 헤쳐 나가자"라는 외침은 본질적인 외침이었다고 생각한다. 아무리 상황이 좋지 않아도 누군가 외칠 때 다시금 일어설 힘을 얻을 수 있지 않을까?

·· 무엇을 먼저 건축할 것인가

학개 선지자가 사역했던 시기도 모든 것이 무너져 있던 때였다. 바벨론 포로 생활에서 돌아온 사람들은 무너진 예루살렘을 목도했다. 폐허가 된 도시에서 그들은 자기 집을 우선적으로 지었다. 거처가 없는 상황에서 자신의 거처를 마련한다는 것은 너무나 중요하고 당연한 일이었다. 그래서 "여호와의 전을 건축할 시기가 이르지 아니하였다"(학 1:2)라는 백성들의 판단을 비판하는 학개의 모습이 오히려 이상하게 느껴졌을 것이다.

내가 살 집도 없는 상황에서 성전 건축을 해야 한다는 말은 너무나도 공허하게 들렸을 것이다. 그들이 경험했던 솔로몬 성전은 수입산 백향목으로 지은 아름다움의 결정체였기 때문에, 성전을 지으려면 솔로몬처럼 지어야 한다고 생각했을 것이다. 그래서 그들에게 예루살렘 성전의 재건은 엄두도 못 낼 일이었다.

사실 오늘을 사는 우리의 삶도 비슷하다. 좋은 환경에서 예배를 드리다가 그렇지 못한 상황에서 예배드리면 어색하고 힘들다. 그뿐 아니라 경제적으로 여유가 없을 때는 예배를 뒤로 미루고 경제활동에 집중해야 한다고 생각하는 경우도 많다. 교회의 본질에 해당하는 훈련에 관한 부분도 그렇다. 과거에 행했던 훈련을 지금 당장 할 수 없기 때문에, 훈련을 해야 한다는 생각을 하지 않는 것이 이상하지 않다.

그러나 과연 이것이 하나님이 우리에게 원하시는 모습일까? 비록 상황이 어렵다 할지라도 하나님이 우리에게 원하시는 모습을 생각해 보면 생각의 틀을 바꿀 수 있지 않을까? 하나님은 학개 선지자를 통해 솔로몬 시대의 성전만을 생각하는 이스라엘 백성에게 생각의 틀을 바꾸어 주는 말씀을 주셨다. 판벽한_paneled_ 자기 집 건축에만 집중했던 그들을 향해 하나님이 학개 선지자를 통해 주신 말씀은 달랐다.

> 너희는 산에 올라가서 나무를 가져다가 성전을 건축하라(학 1:8).

하나님이 학개 선지자를 통해 주신 말씀은 수입산 백향목으로 멋진 성전을 지으라는 것이 아니었다. 하나님의 뜻은 지금 즉시 뒷동산에 있는 나무를 가져다가 성전을 재건하는 것이었다. 비록 좋은 재료를 가지고 성전을 짓지 않더라도, 지금 할 수 있는 것을 가지고 하나님의 뜻을 받드는 것이 하나님께 우선순위를 두는 삶이었다.

·· 지금 당신이 가진 것으로

하나님은 세상 사람들이 말하는 좋은 것과 많은 것으로 자신에게 나오는 것을 원하시는 분이 아니시다. 그러므로 세상에서 성공하고 하나님을 제대로 섬기겠다는 것은 결코 하나님의 방법이 아니다. 하나님은 '지금 당장' 당신의 예배를 받기 원하시고 당신이 할 수 있는 것을 가지고 나오기를 원하신다. 모든 주권을 내어 드리고 하나님 앞으로 나오라고 말씀하신다.

회복과 재건은 하나님이 하신다. 내가 하려고 해도 할 수 없는 일들이 도처에 있다. 내 힘으로 이 땅에서 잠시 동안 안정적인 삶을 살 수 있을지는 모르겠다. 하지만 하나님이 바라시는 인생은 자신의 힘을 의지하는 인생이 아니다. 오직 하나님을 의지하고, 하나님께 예배하는 자로 나오는 인생을 원하신다. 비록 지금 자신이 처해 있는 상황이 어렵다 할지라도, 지금 주신 것을 가지고 여호와께 영광 드리기로 헌신하는 삶을 원하시는 것이다.

이 땅에 살면서 "여호와의 전을 건축할 시기가 이르지 아니하였다"(학 1:2)라고 스스로 시기를 정하는 이들이 많다. 그러나 여호와의 전을 건축할 시기는 바로 지금이다. 지금 있는 자리에서, 지금 있는 것을 가지고 하나님께 영광 올려드리는 삶을 살자. 고급 재료가 아니어도 좋다. 하나님은 당신의 진심과 전심을 바라실 뿐이다. 모든 것은 내게 달려 있는 것이 아니라 하나님께 달려 있음을 기억하자. 그렇기에 오늘 하루도 당신은 하나님이 말씀하시는 산에 올라 지금 손에 주어진 나무를 가지고 하나님이 행하시는 영적 재건의 자리로 나아가자. 그것이 삶의 예배를 회복하고 영적 재건을 위해 힘쓰는 믿음의 사람의 모습이다.

은혜의 발자국

1. 내 삶에 무너진 영역이 있다면 무엇이고, 나는 지금 어떻게 대응하고 있는지 생각해 봅시다.

2. 지금 산에 올라 나무를 가져다가 성전 재건을 이루라는 하나님의 말씀을 통해 무엇을 느꼈습니까? 내가 지금 당장 감당해야 할 사명은 무엇이며, 이를 위해 어떤 결단을 하시겠습니까?

— 믿음의 기도 —

주님! 내 삶의 온전한 회복과 재건을 위해 지금 당장 산에 올라 나무 재료를 가져다가 주님 거하실 공간을 마련하고 준비하는 참된 예배자가 되도록 인도하여 주옵소서.

24.
믿음은
두려움을 이긴다

> 저물매 제자들이 바다에 내려가서 배를 타고 바다를 건너
> 가버나움으로 가는데 이미 어두웠고 예수는 아직 그들에게
> 오시지 아니하셨더니 큰 바람이 불어 파도가 일어나더라
> 제자들이 노를 저어 십여 리쯤 가다가 예수께서 바다 위로
> 걸어 배에 가까이 오심을 보고 두려워하거늘 이르시되
> 내니 두려워하지 말라 하신대 이에 기뻐서 배로 영접하니
> 배는 곧 그들이 가려던 땅에 이르렀더라(요 6:16-21)

·· 항해와 같은 인생

인생을 항해에 비유하곤 한다. 사람들은 누구나 항해가 순탄하기를 기대하며, 풍랑 없이 안전하게 항구에 도착하기를 소망한다. 하지만 항해는 고난의 연속이다.

나는 선장이셨던 아버지를 1년에 한두 번 정도만 뵐 수 있었다. 그러다 아버지를 자주 뵙게 될 때가 있었는데, 바로 아버지가

다치셨을 때다. 주로 정형외과 치료와 수술을 받으셨는데, 아버지의 삶을 봐도 바다에서의 일이 결코 쉽지 않음을 알 수 있었다.

인생도 쉽지 않다. 굴곡이 많은 것이 정상이다. 예전에 주변 분들과 '라이프 사이클'_{Life Cycle} 이야기를 나눴던 경험이 있다. 많은 분들의 이야기를 듣다 보면, 굴곡 없는 인생이 없음을 알게 된다. 사람마다 골짜기에서 눈물 흘린 시간이 있었기에 지금 이 시간 꿈을 꾸면서 달려갈 수 있다. 분명 골짜기는 성장을 위한 인고의 시간이다. 그러나 그 시간을 원하는 사람은 없다. 그만큼 성장에 따르는 인고의 시간은 힘들고 피할 수 있다면 피하려 한다.

예수님의 제자들의 삶에도 굴곡이 많았다. 평범하게 살다가 주님을 만난 후 인생의 변화를 맞이했다. 주님과의 교제를 통해 사명을 발견하게 됐고, 어떻게 살아야 하는지 깨닫게 됐다. 하지만 정작 눈앞에 어두움이 다가오자, 그들은 주눅이 들었고 두려움에 떨었다. 예수님과 함께 있는 순간은 평안했으나 예수님이 "아직 그들에게 오시지" 않았을 때 그들은 허둥지둥하기 바빴다. 그러다 파도가 일면 공포는 더했고, 바람과 물결로 체력이 고갈되기 직전에 주님이 나타나셨다. 그러나 그들은 주님을 알아보지 못했다. 그들이 느낀 공포가 어느 정도였는지 상상할 수 없지만, 분명 견디기 쉽지 않았을 것이다.

사람은 거대한 파도 앞에서 겸손해질 수밖에 없다. 파도가 주는 공포는 상상을 초월하는데, 특히 파도에 휩쓸려 헤어날 수 없다는 생각이 들 때 그 두려움은 극에 달한다. 공포와 두려움이 밀

려올 때 사람은 허둥지둥하기 마련이다. 눈앞에 아무것도 보이지 않고, 심지어 내 앞에 오시는 분이 주님이신지도 분별하지 못하는 상황을 이겨 내는 것은 결코 쉬운 일이 아니다.

출렁이는 파도 앞에 홀로 서서 아무것도 보이지 않는 상황을 마주했다고 상상해 보자. 사실 그 순간에는 내 힘으로 할 수 있는 일이 아무것도 없다. 바로 그때 들려오는 목소리가 있다.

"내니 두려워하지 말라."

주님의 목소리는 마치 "나다"라고 말씀하시는 것 같다. '너희가 그토록 기다리던 내가 여기 있다'는 것이다. 그래서인지는 몰라도 살면서 받는 가장 큰 위로는 주님이 "나다"라고 말씀하시는 순간이다. 임마누엘이신 주님이 "내니"라고 말씀하시는데, 어찌 위로받지 않을 수 있을까. 오늘도 주님은 "나다"라고 말씀하시며, 성경을 통해 자신의 모습을 증언하신다.

> 너희가 성경에서 영생을 얻는 줄 생각하고 성경을 연구하거니와 이 성경이 곧 내게 대하여 증언하는 것이니라(요 5:39).

주님은 말씀을 통해 자신을 보이신다. 성경 66권은 예수님을 증언하고 있기 때문에, 성경을 읽으면 주님을 만날 수 있다. 그러므로 내 안에 두려움이 몰려올 때, 그 두려움에 매몰되지 않고 주님께 집중하려면 성경을 읽어야 한다. 주님을 더욱 알아가고, 주님을 더욱 묵상하는 것은 내 안의 두려움을 제거하고 더욱 큰 믿음으로 무장하는 길이다. 그러므로 언제나 주님의 명령 앞에 믿음으로 반응하고 싶다면, 말씀에 집중하는 것이 답이다.

·· 믿음이 두려움을 이긴다

내 안에 믿음이 있으면 두려움을 이길 수 있다. 두려움은 내 안에 믿음이 없기 때문에 일어나는 것이므로, 내게 필요한 것은 지금 주님이 나와 함께하신다는 믿음이다.

교회를 개척하면서 많은 걱정과 근심이 찾아 왔다. 두려움이 내 눈을 가리는 경우도 있었다. 때로는 이 길이 맞는지 의심해 본 적도 있다. 그러나 그때마다 주님은 이 배의 선장이 주님이심을 보이시며, 내가 이 길을 묵묵히 갈 수 있도록 인도하셨다. 단 하루도 주님의 인도하심을 경험하지 않은 날이 없다. 단 한순간도 내 힘으로 이 일을 감당할 수 있다고 생각하지 않았다. 오직 내게 필요한 것은 기도뿐이었으며, 채우시는 은혜에 감사하며 믿음으로 한 걸음씩 나가는 훈련을 할 뿐이다.

아무리 큰 파도가 몰려오고 항해가 순탄치 않아 보여도, 주님이 선장 되시면 모든 것이 해결된다. 내가 할 일은 그 사실을 믿는 것이다. 성경 66권을 통해 드러나는 예수님을 발견해 믿음으로 반응하고 주님을 기쁨으로 영접하면, 주님이 내 인생의 선장이 되시어 파도를 잔잔하게 하실 것이다. 또한 나의 인생 항로도 주님이 원하시는 방향으로 흘러서 "가려던 땅"에 안전하게 도착하게 될 것이다.

파도는 나의 믿음을 시험한다. 두려움을 일으켜 사람의 마음을 요동치게 만든다. 그러나 주님에 대한 강력한 믿음이 있다면, 내 마음은 더 이상 흔들리지 않는다. 주님이 여시는 항로 위에 믿음으로 반응하는 삶, 그것이 이 땅을 사는 그리스도인이 가져야 할 모습이 아닐까.

은혜의 발자국

1. 최근 내가 겪은 파도와 풍랑이 있었다면 무엇인지 생각해 보고, 이와 같은 어려움이 닥쳤을 때 어떻게 반응했는지 생각해 봅시다.

2. 두려움의 반대말이 믿음이라는 사실을 기억하며, 내가 보여야 할 믿음의 모습은 무엇인지 생각해 봅시다. 주님을 내 안에 모시고, 믿음의 사람으로 살기 위해 무엇을 결단해야 할지 나눠 봅시다.

─── 믿음의 기도 ───

주님! 거대한 파도와 풍랑이 몰려와도 주님을 기쁘게 영접할 수 있는 믿음을 허락하여 주사, 모든 상황 속에서도 거뜬히 이겨 내는 주님의 제자가 되게 하옵소서.

4부

결승점이 보이니?
얼마 안 남았어

25.
우리는 성공이 아닌
승리를 위해 달음질해야 한다

> 운동장에서 달음질하는 자들이 다 달릴지라도 오직 상을 받는 사람은 한 사람인 줄을 너희가 알지 못하느냐 너희도 상을 받도록 이와 같이 달음질하라(고전 9:24)

·· 믿음과 성공

"그 사람 성공했어요?"

살면서 묻는 질문 중 하나다. '성공'이란 말의 의미는 한 분야에서 일정한 업적을 이뤄 낸 것을 뜻한다. 그런데 이 말의 이면에는 '어느 정도 지위도 있고 돈도 많다'는 의미가 있다. 이처럼 세상 사람들이 말하는 '성공'은 세상에서의 위치 및 그로 인해 파생되는 물질적인 '부'와 연관되어 있다. 그래서 많은 이들은 지금 이 시간에도 세상에서의 '성공'을 이루기 위해 많은 시간을 들여 정진한다.

그런데 믿는 사람과 '성공'이라는 단어는 어울리지 않는다. 주님은 우리에게 "너희는 먼저 그의 나라와 그의 의를 구하라"(마 6:33)라고 말씀하셨다. 따라서 예수님의 제자로 부름받은 자라면, 하나님의 통치를 위하여 달음질해야 한다. 세상 사람들의 달음질이 부를 얻기 위한 달음질이라면, 예수님의 제자는 예수님을 향해 달음질해야 한다. 그래서 예수님의 제자에게 어울리는 달음질의 결과는 '성공'이 아니라 '승리'다.

·· 하나님의 백성이 얻어야 할 승리

바울은 고린도전서 9장 24절에서 '상' 받을 자가 한 사람이라 했다. 그리고 이를 얻기 위해 달음질하라고 했는데, 여기서 말하는 '상'은 '상'$_{prize}$이란 뜻도 있지만, '승리'$_{triumph}$라는 의미로 이해해야 한다. 이 말은 하나님의 백성은 '승리'를 위해 예수님을 향해 달음질해야 한다는 뜻이다. 결국 달음질은 세상 사람들의 전유물이 아니라, 하나님의 백성이 감당해야 할 숙명이다.

그렇다면 말씀에 담긴 '상'의 의미는 무엇일까? 앞서 말한 대로 이 말에는 '승리'라는 의미가 담겨 있는데, 여기서 말하는 '승리'는 결국 '구원'과 연결된다. 결국 운동장에서 달음질하는 자가 받는 상은 '구원'인데, 이 같은 구원을 얻기 위해서는 달음질하듯 마귀와의 전투에서 싸워 이기는 자가 되어야 한다는 뜻이다. 결국 예수님을 보고 달리는 자는 세상과의 싸움에서 승리할 것이며, 구원 역사에 동참하는 놀라운 은혜를 얻게 된다.

그러므로 하나님의 백성이 얻어야 할 승리는 세상 사람들이 말하는 성공과는 확연히 다르다. 그렇기에 예수님을 믿는 사람은 예수님을 모르는 사람과 달라야 한다. 많은 이들은 자신의 성공을 위해 달리고, 부를 얻기 위해 뛰지만, 예수님의 제자는 마귀의 유혹에서 벗어나 예수님의 재림하실 때에 누릴 승리를 보면서 달리는 것이다. 이것은 돈과 명예가 아니라 영생을 얻기 위한 싸움이며, 한 영혼이라도 살리기 위해 감당해야 할 싸움이다. 따라서 믿음의 경주를 하는 사람의 달음질은 세상 사람들의 달음질과 구별될 수밖에 없다.

나는 이 말씀을 가지고 훈련에 임하는 성도들과 이야기를 많이 나눴다. 훈련에 임하는 성도들에게 우리 삶의 목적이 예수님이심을 정확히 알리고, 이를 위해 달려가자는 말씀을 나눴다. 그런데 이 말씀에 담긴 의미를 잘 실천하고 있는지 자문자답해 보면, 부끄럽게 느껴질 때가 많다. 과연 나는 얼마나 이 경기에 집중하고 있을까? 말씀에 기록된 대로 '상' 받기에 턱없이 부족한 모습으로 살고 있지 않은지 냉정하게 평가할 수 있어야 한다.

그리스도인의 승리

 최근 마라톤에 취미를 붙이면서, 5-10km 거리를 달릴 때가 많다. 10km 마라톤 대회에 한 번 참석했었고, 지금도 시간이 되면 대회를 주기적으로 나가보려 한다. 그런데 달리기라는 것이 조금만 쉬면 준비했던 것들을 다 잊어버리게 된다. 그래서 어쨌든 주마다 횟수를 정해서 꾸준히 몸에 익을 때까지 훈련하는 것이 중요하다. 또한 일정한 속도에 맞추어 달리기 위해서라도 자신에게 맞는 페이스를 찾아서 달리는 훈련을 해야 한다. 그렇지 않으면 조금만 달려도 숨이 턱밑까지 차올라 그만 달리고 싶은 마음이 든다. 그러므로 가능하면 속도를 늦춰서라도 계속 달리려는 마음이 필요하다.

 지금 이 순간에도 많은 사람들은 믿음의 경주를 하고 있다. 그들은 모두 진정한 승리를 위해 성실하게 달린다. 하지만 이 경주가 만만한 사람은 없다. 숨이 차고 포기하고 싶은 생각도 든다. 하지만 이 경주를 포기할 수 없는 이유는 예수님이 이미 주신 승리가 우리에게 있기 때문이다. 이미 주신 승리를 바라보며 조금 힘들더라도 계속 달려야만 승리를 얻게 되는 것이다. 수많은 유혹과 방해가 있다 할지라도 자포자기하지 않고 믿음으로 달려야 한다. 그저 주님만 바라보며 달리고 또 달리면, 나를 대신하여 싸워 이기신 주님이 주시는 승리를 얻게 된다.

 바울은 운동장에서 경주하는 삶이 사명자의 삶이라고 말한다.

사실 이 땅에 살면서 내가 해야 할 일에 허덕일 때가 많아, 사명자로 사는 삶이 부담스럽게 느껴지기도 한다. 하지만 사명자이기 때문에 사명을 완수할 때까지 이 싸움을 포기할 수 없다. 분명 살면서 한 번도 자기 자신을 사명자로 여기지 않았던 분들도 있을 것이다. 하지만 당신도 이 경주의 선수로 이미 달리고 있음을 아는가. 출발선을 떠나 뛰고 있는 당신이기에, 완주의 그날을 기대하며 물러서지 않고 한 걸음씩 내딛어야 할 것이다.

오늘 하루도 많은 짐 때문에 힘겨운 하루를 보냈는가? 쉽지 않은 삶이지만 하나님이 베푸실 '상'을 기대하며, 믿음으로 모든 경주를 경주하여 승리의 기쁨을 맛볼 날이 반드시 온다는 것을 믿자. 그러므로 내게 주실 승리를 기대하며, 믿음으로 달음질할 수 있기를 기도한다.

은혜의 발자국

1. 지금까지 세상이 말하는 '성공'에만 집중하면서 살았는지 돌아보고, 자신의 삶의 목표와 목적이 무엇이었는지 생각해 봅시다.

2. 운동장에서 달음질하는 자가 받게 될 승리의 영광을 기대하며, 오늘 하루도 주님이 주실 승리를 얻기 위해 내가 집중해야 할 것은 무엇인지 생각해 봅시다.

믿음의 기도

주님! 세상이 말하는 성공에서 벗어나 주님 주실 승리를 바라보며, 늘 있는 자리에서 달음질하고 주님께만 집중하는 믿음의 자녀가 되게 하옵소서.

26.
믿음으로 내딛는 걸음 속에서 발견하는 은혜가 있다

> 내가 지혜로운 길을 네게 가르쳤으며 정직한 길로 너를
> 인도하였은즉 다닐 때에 네 걸음이 곤고하지 아니하겠고
> 달려갈 때에 실족하지 아니하리라(잠 4:11~12)

·· 파멸의 길

'에리트로포이에틴'$_{Erythropoietin,\ EPO}$은 운동선수들을 파멸로 모는 대표적인 약물 중 하나다. 이것은 신체에 적혈구 생성을 촉진시키는 호르몬으로, 적혈구가 많아지면 산소 전달 능력이 향상되기에 근지구력과 관련된 운동을 하는 선수들에게 특히 큰 유혹이 된다.

가끔 유명 운동선수들이 약물 복용으로 자신의 기록과 선수 자격을 박탈당하는 것을 본다. 분명 그들도 약물 복용이 지혜로운 방법이 아님을 알았을 것이다. 하지만 여러 가지 이유로 유혹

을 뿌리치지 못하고 결국 가지 말아야 할 길로 들어간 경우를 볼 때, 안타까운 마음이 든다. 분명 정직한 길을 택했다면, 그 걸음이 곤고하지 않았을 것이다. 하지만 그들은 잘못된 선택으로 이전까지 쌓아왔던 모든 것들을 날려야 했다. 기록 경신이 어렵고 승부의 세계가 냉혹하다 해도 지켜야 할 것을 지키지 못하면 결국 자신의 모든 것을 지키지 못하게 된다.

이런 유혹은 기록 경쟁이 치열한 운동선수에게만 있는 일이 아니다. 삶의 경쟁에서도 그런 유혹이 많다. 각종 입시 비리와 의혹 등이 발생하는 것도 '결과만 좋으면 그만'이라는 생각에서 출발한다. 그동안 아무리 자신의 정체성을 잘 지켜 왔다 해도 한 번의 잘못된 선택이 그의 걸음을 더욱 무겁게 할 것이다. 그러므로 무슨 일이 있어도 지혜롭고 정직한 길로 걸어가는 법을 배워야 한다.

하지만 세상은 이런 삶의 자세를 비판한다. 이기는 것이 우선이라고 가르친다. 편법을 사용해도 이길 수 있다면 그것이 인생의 지혜라고 가르친다. '정직이 밥 먹여 주냐'고 말하는 사람들도 있다. 그렇게 사는 것이 맞을까? 과연 우리 아이들에게 무엇을 가르쳐야 할까?

실제로 정직함을 추구하기보다 결과를 내는 것이 우선이라고 생각하는 사람이라면, 그 문제를 심각하게 생각할 필요가 있느냐고 반문할지도 모르겠다. 하지만 편법과 불법을 사용해도 남에게 피해만 주지 않으면 상관없다고 생각하는 사회에 과연 무슨 희망이 있을까. 예수님은 제자들에게 세상의 소금으로 살라고 하셨는데, 맛을 잃은 소금으로 살아도 상관없다는 이 태도는 분명 문제가 있다.

·· **정직한 길이 지혜로운 길**

하나님의 백성은 이런 상황을 분별하고 이겨낼 지혜를 가져야 한다. 세상의 가치관에 종속되어 문제에 매몰된 인생이 아니라, 하나님의 뜻을 먼저 발견하는 삶을 살아야 한다. 솔로몬이 가장 중요하게 여겼던 것은 지혜로운 길을 가르치는 것이었다. 이는 어리석은 길로 가는 자를 그냥 두고 보지 말라는 말이다. 또한 그는 '지혜로운 길'을 '정직한 길'이라 말하면서, 여기에 하나님의 뜻이 있음을 강조한다. 그러므로 이 길을 걷는 사람은 결코 어리석음을 범하지 않게 되고, 부도덕한 일도 행하지 않게 된다.

하지만 세상은 '지혜로운 길'을 '정직한 길'이라 가르치지 않는다. '성공'이라는 단어로 삶을 포장해서, 성공하지 않으면 손해보게 된다고 말한다. 지금도 시중에 팔리는 자기 계발서를 살펴보면 처세술에 관련된 것이 많다. 그 책들은 내가 어떻게 처신해야 성공하는지를 알려 주는데, 그들이 말하는 성공의 기준은 돈이다.

물론 돈을 버는 것도 중요하다. 하지만 정직하지 않은 방법으로 얻는 부가 얼마나 오래갈까? 당장은 그렇게 얻는 것이 부러워 보여도, 그것은 하나님이 바라시는 삶이 아니다. 한순간의 잘못된 선택으로 어리석은 길로 들어가는 것을 묵인하는 순간 영영 헤어날 수 없는 수렁에 빠지게 될 수도 있다. 그러므로 지금 당장 힘들어도 정직한 길이 지혜로운 길이며, 그 길 가운데 생명이 있다는 사실을 가르쳐야 한다. 이것이 나와 우리 가정, 그리고 사회를 살리는 길이 아닐까. 조금만 생각해 보면 무엇이 옳은 길인지 안다.

여호와를 경외하는 길

그리스도인에게 필요한 옳은 길, 지혜의 기준이 무엇일까? 그것은 '여호와를 경외하는 길'이다. 여호와를 경외하는 것은 지식의 근본이고, 모든 지혜로운 자가 가져야 할 삶의 태도다. 오직 여호와를 경외하는 자에게 하나님이 독수리 날개 쳐 올라가는 힘을 주실 것이다. 이 길을 걷는 것이 조금 더디더라도 이 길을 계속 가야 한다. 그것이 하나님이 바라시는 길이고, 지혜로운 자가 가야 할 길이며, 사명자가 선택해야 할 방법이다.

특히 여호와 경외하기를 포기하지 말아야 할 공동체가 있다면 가정이다. 부모가 자녀에게 왜 하나님을 경외해야 하는지 가르치기를 포기하는 순간, 자녀는 인생에서 가장 중요한 것을 배우지 못하는 것이다. 가정은 하나님이 인간에게 처음 주신 공동체로, 부모가 먼저 여호와를 경외하는 모습을 보일 때, 자녀도 그

태도를 보고 배운다. 또한 여호와 경외는 하나님의 권위를 인정하는 데서 시작하는데, 가정에서 부모의 권위를 존중하는 법을 배우는 것이 하나님의 권위를 인정하는 기초가 된다. 결국 여호와 경외하는 법을 아는 가정이 복을 받기에, 이 길을 놓쳐서는 안 된다.

지금 이 시간에도 삶의 자리에서 수많은 영적 전쟁이 일어나고 있다. 나를 무너뜨리려는 마귀의 계략은 지금도 계속 진행 중이다. 그러므로 부름받은 하나님의 백성은 여호와를 경외하는 길을 가기 위해 힘쓰며, 그 길에서 삶의 방향을 발견해야 한다.

여전히 처진 어깨와 힘든 발걸음을 하고 있는가. 마음속 근심을 내려놓자. 걱정하지 말자. 나를 일으켜 세우실 주님이 당신의 걸음을 곤고하지 않게 하시고 달려갈 길을 밝히 보이실 것이다. 한 걸음 내딛기 어려운 날이라도 믿음으로 그 걸음을 내딛는 자만이 누리는 은혜가 있음을 잊지 말자.

은혜의 발자국

1. 한 걸음 내딛기 힘든 나날들을 보냈다면, 그 문제는 무엇이며, 그 문제를 해결하기 위해 어떻게 노력했는지 생각해 봅시다.

2. 내 삶에 주어진 문제 속에 더 이상 매몰되지 아니하고, 여호와께서 가르쳐 주신 지혜로운 길로 걸어가기 위해 무엇을 결단할 것인지 나눠 봅시다.

믿음의 기도

주님! 세상의 어리석은 길로부터 벗어나, 오직 주님 원하시는 길로 걸어가게 하소서. 그 걸음 가운데 힘을 주사 실족하지 아니하고 달려가게 하옵소서.

27.
나의 간절한 기대와
소망을 따라

> 나의 간절한 기대와 소망을 따라 아무 일에든지
> 부끄러워하지 아니하고 지금도 전과 같이 온전히 담대하여
> 살든지 죽든지 내 몸에서 그리스도가 존귀하게 되게 하려
> 하나니(빌 1:20)

·· 갇혀 있어도 기뻐할 수 있는 이유

지금으로부터 약 25년 전, 나는 복음성가 가수 박종호 씨의 〈감사해〉라는 찬양을 참 좋아했다. 가사는 주님이 선한 일을 이루시며, 주님의 형상이 내 안에 가득하다는 것이 감사하다는 내용이었다. 그런데 무엇보다 인상에 남았던 부분은 후렴구 가사였다.

나의 간절한 기대와 소망을 따라 아무 일에든지 부끄럽지 아니하고, 오직 전과 같이 담대하여 살든지 또 죽든지 내 안에서 주만이 사는 것이 유익해.

빌립보서 1장 20절을 인용한 가사다. 독특한 리듬에, 성악가가 부르는 노래라고 여겨지지 않을 정도로 독특한 방법으로 부르다 보니, 많은 이들이 이 곡을 좋아했다. 지금도 내 마음에 이 곡을 떠올릴 수 있는 이유는 사도 바울의 고백을 담은 말씀을 가사로 사용했기 때문이다.

　이 곡의 가사를 살피려면, 빌립보서를 쓸 당시 바울의 이야기를 하지 않을 수 없다. 바울은 당시 자유롭게 돌아다니면서 복음을 증거할 수 없는 상황이었다. 갇힌 상태에서도 그의 간절한 기대와 소망은 그 안에 주님이 살아야 한다는 내용이었다. 바울은 '살아도 주를 위해, 죽어도 주를 위해, 오직 내 안에 주님만이 살아 있으면 나는 그것으로 충분하다'라고 고백한다. 바울은 사명을 목숨보다 중요하게 여겼고, 이렇게 사는 것이 자신에게 가장 큰 기쁨인 것을 편지에 담은 것이 아니었나 생각해 본다. 그래서인지는 몰라도 나는 바울의 고백을 보면서 눈물이 흘렀다. 바울의 고백과는 거리가 있는 내 삶의 모습이 보였기 때문이다.

　특히 "지금도 전과 같이 온전히 담대하여 살든지 죽든지"라는 부분에서 나도 모르게 회개의 고백이 나왔다. 이 말은 '늘, 항상, 언제든지', 내 삶의 상황과 상관없이 내 몸에서 주님을 드러내겠다는 고백이다. 내 상황과 상관없이, 전과 같이 온전히 담대하겠다는 고백은 아무나 할 수 있는 고백이 아니다. 철저하게 모든 것을 주님 중심으로 맞추고, 죽음도 두려워하지 않고 주님을 좇을 때 나오는 말이기 때문이다.

·· 내 속에 너무 많은 나

바울의 고백을 들으며 내 마음속에 알지 못하는 부담감이 스며들었다. 여전히 내 모습 가운데는 주님보다 나를 드러내려는 마음이 남아 있었기 때문이다. 그것은 주님의 영광을 위해 살고 싶다고 하면서도, 내가 영광을 누리고 싶은 마음이 여전히 있음을 뜻한다. 매 순간 '전적 위탁'(全的委託)과 '자기 부인'(自己夫人)의 삶을 살아야 한다고 외치면서, 정작 그렇게 살지 못하는 내 모습이 부끄러웠다.

사실 내 안에 주님만 존귀하게 드러나기를 원한다고 말하면서도 핑계가 붙을 때가 많다. 〈가시나무〉라는 노래의 "내 속에 내가 너무나 많아 당신의 쉴 곳 없네"라는 가사에서도 알 수 있듯이, 주님이 내 안에서 존귀하게 드러나려면 나를 부인하는 삶이 우선돼야 한다. 그러나 여전히 나 자신을 드러내기를 좋아하는 내 모습이 있기에, 해결해야 할 문제들이 너무도 많다.

하지만 주님이 바울을 통해 이 구절의 말씀을 주신 것은 좌절하라고 주신 것이 아니다. 여전히 내 모습은 부족하지만, 내 모든 삶, 선택, 행동, 말, 그리고 죽음까지도 예수님을 드러내기 위해 헌신하겠다는 다짐을 하라고 주신 것이다. 따라서 어렵다고 포기하는 삶이 아니라, 매 순간 예수님을 중심에 두고, 예수님의 이름이 영광 받으시도록 사는 것이 삶의 목표가 돼야 한다.

·· 가장 소중한 인생

 성도는 하나님의 형상대로 지음받은 하나님의 자녀임을 기억하고, 그리스도의 향기를 드러내는 삶을 가장 중요한 가치로 생각해야 한다. 그런데 그리스도의 향기는 그냥 뿜어져 나오지 않는다. 사명으로 무장된 인생, 복음을 기뻐하는 인생, 예수님만으로 충분한 인생에서 뿜어져 나온다.

 이런 사람은 누구를 만나도 예수님을 전하기 위해 힘쓰며, 말 한마디를 해도 세상과 구별되어 주님의 영광을 위해 한다. 그는 섬기기를 기뻐하고, 헌신하는 것을 사랑하며, 말과 행동에서 사랑하는 마음이 자연스럽게 흘러나온다. 물론 이런 삶을 세상이 좋아할 리 만무하다. 분명 누군가는 유난 떤다고 할 것이고, 왜 그렇게 사냐고 놀리는 사람도 있을지 모른다. 하지만 닥쳐오는 유혹과 핍박을 부끄러워하지 않을 때, 그 사람의 인생에서 예수님이 드러날 것이다.

 하루를 시작하면서, 어디에 '나의 간절한 기대와 소망'을 두고 있는지 생각해 보자. 혹시 세상 사람들과는 전혀 구별되지 않는 가치관을 가지고 오늘 하루를 살려고 했다면, 과감히 벗어 버리고 말씀 한 구절을 묵상하며 예수님 생각에 집중하는 시간을 가져 보면 어떨까. 나의 기대와 소망은 오직 내 안에 예수님만이 영광 받으시는 것임을 고백하자.

 사탄은 오늘도 내가 나의 부족한 모습을 보며 좌절하기를 기다린다. 그러나 간절한 기대와 소망이 있는 자는 결코 주저앉지 않는다. 왜냐하면 그 사람을 인도하시는 주님의 놀라운 역사가 있기에 끝까지 달려갈 수밖에 없기 때문이다.

오늘도 주님은 부끄러워하지 말고 담대하게 주님을 드러내라고 말씀하신다. 그냥 해보자. 그러면 주님이 어떤 마음으로 말씀하시는지를 이해하게 되고, 나도 모르게 그 삶을 조금씩 살아내고 있을 것이다. 분명 주님은 이런 우리의 모습을 보시고 기뻐하실 것이다.

은혜의 발자국

1. 나는 얼마나 간절한 기대와 소망을 품고, 내 몸에서 그리스도가 드러나는 것을 부끄러워하지 아니한 채로 살아가고 있는지 생각해 봅시다.

2. 내가 사는 동안 살든지 죽든지 내 몸에서 그리스도가 존귀히 되기 위해, 어떤 삶을 살아야 할지 함께 생각해 보는 시간을 갖도록 합시다.

믿음의 기도

주님! 내 안에 주님만 존귀하게 되기를 간절히 기대하고 소망하는 전적 위탁의 삶을 허락하사, 주님만을 온전히 자랑하는 은혜의 삶을 살게 하옵소서.

28.
익숙함보다 강한 무기는 없다

> 다윗이 칼을 군복 위에 차고는 익숙하지 못하므로
> 시험적으로 걸어 보다가 사울에게 말하되 익숙하지
> 못하니 이것을 입고 가지 못하겠나이다 하고 곧 벗고 손에
> 막대기를 가지고 시내에서 매끄러운 돌 다섯을 골라서
> 자기 목자의 제구 곧 주머니에 넣고 손에 물매를 가지고
> 블레셋 사람에게로 나아가니라(삼상 17:39~40)

·· 슈퍼히어로의 환상

'슈퍼히어로'가 되고 싶은 꿈이 있었다. 슈퍼맨, 배트맨 같은 히어로들의 활약을 보면서, '그들과 같은 능력이 내게 있으면 얼마나 좋을까'라는 재미난 생각을 하곤 했다. 어쩌면 요즘 아이들이 '마블' 시리즈에 집중하는 것도 그런 이유 때문이 아닐까. 아이언맨, 스파이더맨, 캡틴아메리카 등 그들의 활약을 보면 여전히 멋있고, 그들의 승리가 나의 승리인 것처럼 투영하면서 영화

를 보게 된다.

특별한 능력을 가진다는 것은 분명 신나는 일이다. 그래서 영화 속 주인공에게 동화되어, 악당을 무찌르는 삶을 동경하며 영화를 보는 것이다. 하지만 현실은 다르다. 한 개인이 그런 엄청난 능력을 가진 슈트$_{suit}$를 입고 히어로가 되는 일은 일어나지 않는다. 대부분은 그저 평범한 하루를 보내며, 자신에게 주어진 능력 안에서 살아간다. 그것이 일상이고 현실이다.

특히 그리스도인으로 사는 일상은 여전히 만만치 않다. 예수님을 믿는다는 것이 강력한 슈트를 입은 것처럼 느껴질 때도 있었지만, 막상 겪는 현실의 도전은 너무 거세고 쉽지 않다는 것을 깨닫는다. 감히 따라갈 수도 없을 만큼 빠르게 변화하는 세상의 도전 앞에, 당연하게 여겨왔던 것들이 바뀌는 것을 보며 큰 충격에 빠지곤 한다. 이때마다 내가 믿는 진리를 어떻게 지켜야 할지 깊은 고민에 잠기게 된다.

세상의 도전은 내가 상상하던 것 이상으로 거세다. 미국에 살면서 가장 크게 느꼈던 것은 이미 감당할 수 없는 세상 문화가 우리 삶의 영역을 차지하고 있다는 사실이었다. 보편적 가치에 대한 세상의 끊임없는 공격으로 말미암은 가치의 혼란은 이제 더 이상 다른 세상의 이야기가 아니었다. 세상은 너무나 큰 골리앗처럼 우리를 압박하며, 하나님을 섬기고 예수님을 전하는 일을 조롱한다. 이미 그들만의 바벨탑을 높이 쌓아 그리스도인들을 편협한 지식의 소유자로 몰고, 잘못된 세계관을 가진 자들이라고 비방한다.

이런 세상의 변화와 공격에 그리스도인은 어떻게 대응해야 할까? 분명 세상의 방법으로 대응할 수는 없다. 그들이 조롱한다고 우리도 같이 조롱하는 것은 하나님이 원하시는 방법이 아니다. 다윗은 하나님을 조롱하는 블레셋을 대응하기 위해 칼과 군복을 선택하지 않았다. 그는 손에 막대기와 매끄러운 돌 다섯 개를 골라 골리앗에게 나아갔다.

겉모습만 보면 말이 안 되는 승부였다. 도대체 이스라엘 군대가 얼마나 한심했으면 전투 복장도 착용하지 않은 다윗을 골리앗 앞에 내세웠을까. 하지만 다윗의 생각은 달랐다. 거인 골리앗을 상대하기 위해 다윗이 준비한 무기는 사람들의 눈에는 보잘것없지만 그에게는 가장 익숙한 무기였다. 그는 사람들의 시선과 조롱에 관심을 두지 않고, 오직 하나님만 생각하며 익숙한 것들로 무장하고 골리앗에게 나아갔다.

·· 만군의 여호와의 이름으로

결과는 다윗의 승리였다. 누구도 예상치 못한 승리였다. 엘라 골짜기에 있었던 블레셋과 이스라엘의 군대 가운데 다윗의 승리를 예상한 사람이 몇이나 있었을까. 모두가 다윗의 죽음을 생각했지, 골리앗의 죽음을 생각한 사람은 없었을 것이다. 하지만 다윗과 골리앗의 대결은 하나님과 함께하는 다윗의 승리로 결판이 났다.

무엇이 다윗을 승리하게 했을까? 그것은 만군의 여호와의 이름으로 나아가면 반드시 승리한다는 그의 믿음이었다. 그는 막대기와 물매, 돌 다섯 개만 있으면 골리앗을 충분히 제압할 수 있다는 확신이 있었다. 그것들은 목자로서 자기 양 떼를 맹수들로부터 보호하기 위해 늘 준비하던 것들이었다. 결국 다윗은 평소 준비하던 대로 나아가면 하나님이 함께하시기 때문에 세상을 상대로 지지 않는다는 믿음이 있었다. 바로 그것이 세상을 놀라게 한 것이다. 하나님을 믿는 믿음과 함께 준비했던 익숙함이 세상의 강력함을 이겼다.

·· 익숙함보다 강한 무기는 없다

하나님의 백성이 능력을 발휘하는 데 필요한 것은 아이언맨의 슈트가 아니다. 하나님의 이름을 높이는 자에게는 첨단 무기가 없어도, 익숙한 막대기와 물매가 세상을 이기는 무기가 된다. 또한 '내 양은 내가 지킨다'는 사명감으로 살았던 다윗에게 매일의 삶은 영적 전쟁터였기에, 그는 골리앗의 겁박을 두려워하지 않았다.

결국 사명자는 평소에 하나님이 주신 사명을 지키기 위해 힘쓰며, 자신에게 주어진 무기들을 익숙하게 다루는 훈련이 되어 있어야 한다. 바로 그 익숙함이 우리를 강력하게 만들고, 주님이 원하시는 사명자로 거듭나게 할 것이다. 익숙함보다 강한 무기는 없다. 오직 그리스도인이라면 말씀의 검과 믿음의 방패를 가지고, 내게 주어진 사명을 온전히 감당하기 위해 힘써야 한다. 지금까지 잘 준비해 온 사람이라면, 영적 전쟁의 싸움터에서 반드시 승리할 것이다.

그러므로 우리는 매일 말씀을 읽고 묵상하며 기도하는 삶을 통해 영적인 무기들을 익숙하게 만들어야 한다. 철저하게 준비된 그리스도인만이 영적 전쟁터에서 승리할 수 있다. 뿐만 아니라, 세상 앞에 겁먹지 말자. 우리가 두려워해야 할 것은 세상의 거대한 힘이 아니라 우리 안에 있는 나약함과 불신앙이다. 하나님이 우리에게 주신 익숙함, 즉 말씀을 붙잡고 믿음으로 나아가는 삶은 세상의 어떤 도전보다 강력하다. 이 익숙함이 우리에게 세상의 유혹과 위협을 이길 용기와 힘을 준다. 다윗이 어린 시절부터 익숙하게 다루던 물맷돌 하나로 거인 골리앗을 쓰러뜨렸듯이 우리도 매일의 삶 속에서 말씀과 기도로 다져진 익숙함으로 세상을 이기고 승리의 기쁨을 맛볼 수 있다.

은혜의 발자국

1. 하나님의 백성다움을 제대로 드러내지 못하고, 거대한 세상에 주눅들어 의기소침하면서 살았던 경험이 있다면 언제입니까?

2. 내게 주신 물매와 돌 다섯 개, 막대기를 익숙하게 만들기 위해, 나는 매일 어떻게 살고 있는지 함께 나눠 봅시다.

믿음의 기도

주님! 내게 주신 사명을 온전히 감당할 수 있도록 늘 준비된 사람이 되어, 내게 허락하신 물매와 돌 다섯 개, 막대기를 주님 뜻대로 잘 활용할 수 있는 사람이 되게 하옵소서.

29.
동행은 놀라운 일임과 동시에 위대한 일이다

보라 처녀가 잉태하여 아들을 낳을 것이요 그의 이름은
임마누엘이라 하리라 하셨으니 이를 번역한즉 하나님이
우리와 함께 계시다 함이라(마 1:23)

·· 크리스마스가 좋은 이유

　해마다 크리스마스가 되면 사람들은 자기만의 방식대로 시간을 보낸다. 성도들은 예수님의 탄생을 기뻐하고 가족들과 함께 예배를 드리며 따뜻한 시간을 보낸다. 그런데 신기한 것은 예수님을 믿지 않는 사람들도 친한 사람들과 함께 파티를 열고 선물을 교환하면서 마음을 나누는 시간을 가진다는 것이다.
　최근에는 '메리 크리스마스'Merry Christmas 대신 '해피 홀리데이'Happy Holiday 라는 인사말로 예수님의 탄생의 본질은 빼고, 인본주의적 사고에 입각해 크리스마스를 휴일로만 즐기려는 사람들도 있다. 예수님도 "이 세대의 아들들이 자기 시대에 있어서는 빛의 아들들보다 더 지혜로움이니라"(눅 16:8)라고 말씀하셨는데, 이 말씀이 정말 예사롭게 들리지 않는 것은 세상 사람들은 어떻게든 예수님을 감추기 위해 노력하고 있다는 것이다. 과거에는 크리스마스의 주인공이 산타클로스였다면, 이제는 크리스마스를 인간들 스스로 기뻐하는 휴일로 지키려고 한다. 본질은 감추고 껍데기만 바꾸려는 그들의 노력은 지금 이 시간에도 계속되고 있다.

하지만 중요한 것은 본질이다. 아무리 감추려고 해도 본질은 더욱 빛나게 되어 있다. 크리스마스의 기쁨은 아기 예수님의 탄생에 있다. "처녀가 잉태하여 아들을 낳을 것이요"라는 성경 구절을 마음에 새겨야 한다. 성령의 역사로만 가능한 일이다. 하나님이 인류를 구하시기 위해 자기 아들을 육신의 몸으로 보내신 사건이다. 이 일을 사람이 어찌 막을 수 있겠는가? 또한 그 이름을 '임마누엘'로 지정했다. 이는 '하나님이 우리와 함께 계시다'라는 뜻이다.

정리해 보면 크리스마스는 예수 그리스도께서 인류를 구하시고 우리와 함께하시기 위해 이 땅에 오신 날이다. 창조주이신 하나님이 자기 백성들을 죄로부터 구하시기 위해 육신의 몸을 입고 이 땅에 오셨다. 이 사실은 인간이 아무리 감추려고 해도 감출 수 없다. 천지를 창조하신 하나님이 인간과 함께하기 위해 오셨다는데 그것을 무슨 수로 막는단 말인가?

하나님이 우리와 함께하시다(마 1:23).

이것은 놀랍고 위대한 일이다. 사실 세상에서 지위가 높고 권력이 있는 사람들은 자신보다 유력하지 않은 자와 함께하고 싶어 하지 않는다. 겉으로는 인자한 모습을 보이지만, 약한 자들을 위해 시간을 할애하는 것을 좋아하지 않는다. 그저 자기 지위와 권력을 지키는 데 도움이 되는 자들과 만나려고 한다. 그러므로 누군가와 함께한다는 것은 정말로 위대한 말이다. 자신의 욕심을 다 내려놓고 한 영혼과 시간을 같이 보내기로 작정했다는 뜻이기 때문이다. 함께한다는 것은 사랑 없이는 불가능하다. 이 놀라운 일을 하나님이 행하셨다. 그래서 하나님은 사랑이시다.

장례식에서 가장 중요한 모습

목회자로 장례식장을 많이 다니다 보니, 장례 치르는 분들의 마음을 조금 알게 됐다. 그들이 가장 크게 위로를 받는 것은 거창한 말이나 행동이 아니라 그저 함께하는 것 자체임을 깨닫게 됐다. 어려움을 겪는 이의 곁을 묵묵히 지켜 주는 것만으로도 큰 힘이 되고 위로가 된다. 나 또한 처음에는 '단순히 함께한다는 것이 그렇게 대단한 일인가' 생각했었지만, 이제는 그것이 정말로 위대한 일인 줄 안다.

함께한다는 것은 단순한 동석 이상의 의미를 지닌다. 그것은 상대방을 진심으로 위하고 있다는 진실된 표현이자, 상대방의 슬픔과 아픔을 기꺼이 공유하겠다는 마음의 표현이다. 말로 다 할 수 없는 고통 속에서, 누군가 옆에 있다는 사실만으로도 우리는 혼자가 아니라는 위안을 얻을 수 있다. 장례식장에 찾아와 말 없이 잡아 주는 손길 하나는 그 어떤 화려한 말보다도 더 깊은 울림이 있다. 이처럼 함께한다는 것은 바로 사람의 감정을 공유하고, 그 무게를 나눠지겠다는 헌신적인 태도다. 이처럼 함께함은 삶의 가장 어려운 순간에 빛을 발하며, 인간관계의 진정한 의미를 보여 준다.

·· 동행의 위대함

그런데 하나님이 우리와 함께하신다니 이보다 더 놀라운 일이 있을까. 죄로 인해 죽을 수밖에 없는 인간과의 관계 회복을 위해 예수님을 보내셨다는 것이다. 이 사실을 바로 깨달은 자들이라면, 주님께 경배를 올릴 수밖에 없다.

하나님이 무엇이 아쉬워 이와 같은 일을 행하신단 말인가. 왜 이렇게까지 하시면서 이 땅을 구원하려고 하신단 말인가. 인간의 머리로 아무리 생각해 봐도 결론은 하나다. 하나님이 우리를 사랑하신다는 것이다. 하나님은 우리를 사랑하시기 때문에 자기 아들을 보내어 우리와의 관계 회복에 힘쓰셨고, 지금 이 순간도 함께하기 원하시는 것이다. 그럼에도 이 세대 아들들의 삶의 모습은 너무도 무섭다. 예수님을 지우기 위해, 예수님과 함께하지 않으려고, 그들만의 놀이터를 만들기 위해 갖은 수단과 방법을 사용한다.

따라서 성도에게 필요한 마음 자세는 "하나님이 우리와 함께 계시다"는 사실을 매일 기억하는 것이다. 나를 위해 이 땅에 오신 독생자 예수님이 나와 함께하신다는 사실을 항상 기억하며, 매 순간 예배의 자리로 나아가 감사를 표현하는 것이 참된 위로와 복을 받는 길이다.

지금 이 시간 조용히 눈을 감고, 하나님이 나를 위해 보여 주신 사랑을 생각해 보자. 분명 많은 어려움이 있었다 할지라도, 베풀어 주신 사랑을 느끼면 눈물이 흐를 수밖에 없을 것이다. 힘든 일, 어려운 일, 고통받는 일을 당할 때, 사람에게는 위로가 필요하다. 그리고 가장 위대한 위로는 다름 아닌 "하나님이 우리와 함께 계시다"라는 사실이다.

하나님과 동행하는 것은 놀라우면서도 위대한 일이다. 오늘 하루도 나와 함께 계시는 주님을 기억하며, 나 또한 누군가에게 주님이 우리와 함께 계시다는 기쁜 소식을 나눌 수 있는 하루가 되면 어떨까. 함께하는 것보다 큰 위로는 없다. 함께한다는 것은 삶을 나누는 것이고, 공감한다는 뜻이다. 바로 그분께서 나와 함께하시고 동행하기를 원하신다. 이보다 큰 축복은 없다.

은혜의 발자국

1. 하나님이 나와 함께 계시다는 사실이 내게 위로를 주었던 기억이 있다면 함께 나눠 봅시다.

2. 오늘 하루도 임마누엘이신 주님을 더욱 기대하며, 그분과 동행하는 삶을 살기 위해 무엇을 결단하겠습니까?

믿음의 기도

주님! 내가 주님과 함께할 수 있다는 것이 얼마나 위대하고 놀라운 일인지, 항상 감사하며 살아가는 믿음의 여정이 되게 하옵소서.

30.
창조주를 기억하는
인생 가운데 희망이 있다

> 너는 청년의 때에 너의 창조주를 기억하라 곧 곤고한 날이 이르기 전에, 나는 아무 낙이 없다고 할 해들이 가깝기 전에 해와 빛과 달과 별들이 어둡기 전에, 비 뒤에 구름이 다시 일어나기 전에 그리하라(전 12:1~2)

·· 삶이 허무하다 느껴질 때

　삶이 허무하다고 느낄 때가 있다. 앞만 보고 달려가는데, 정작 앞이 보이지 않을 때가 있다. 온갖 매체에서 쏟아지는 이야기를 듣다 보면, 미래를 꿈꾸기조차 쉽지 않다. 그러다 보니 내 손에 일확천금이 있었으면 하는 헛된 바람이 생기기도 한다. 복권 당첨, 주식 대박, 가상화폐로 인한 큰 수익과 같은 유혹은 생각보다 달콤하다. '한 번쯤 나에게도 그런 일이 있었으면……' 하는 마음이 드는 것도 충분히 이해가 된다.
　나는 하나님의 도우심을 온전히 느끼는 대학 시절을 보냈다고 생각한다. 엘리야를 먹이셨던 하나님은 때마다 먹을 것을 공급해 주셨다. 대학 시절 옥탑방을 전전하던 내게, 하나님은 당시 청년부 목회자가 쓰던 사택에서 함께 살 수 있는 은혜를 주셨다. 또 다른 처소로 옮겨야 할 시기에는 좋은 동역자들과 함께 사는 은혜도 허락하셨다. 학비 마련이 쉽지 않았을 때, 생각지도 않았던 장학금을 주셔서 공부할 수 있게 해주셨다. 이처럼 풍족하지는 않았지만, 부족함 없이 채워 주신 분이 하나님이시다.

하나님은 때에 맞게 채우셨고, 공급하셨고, 삶의 자리를 지켜 갈 수 있도록 인도하셨다. 그리고 지금의 자리에서 많은 이들을 섬기도록 세우셨다. 사실 그때를 회상하면 여러모로 힘든 시간이었지만, 어느새 그 시간들도 모두 지나가 버렸다. 그만큼 내가 보내는 시간은 결코 길지 않기에, 이렇게 시간을 보내다 보면 어느 순간 삶의 마지막도 오게 될 것이다.

목회자로서 많은 이들의 마지막을 지켜보며 그분들의 삶을 되돌아볼 때가 있다. 그들은 저마다의 삶에서 최선을 다했다. 한 가정의 아버지, 어머니, 혹은 존경받는 신앙인으로 살았다. 그러나 이 땅에서 아무리 큰 명성을 얻었더라도 죽음이라는 결말은 달라지지 않는다. 힘겨운 삶을 살았어도 결과는 마찬가지다. 결국 인간의 마지막은 죽음이며, 이 결말을 바꿀 수 있는 사람은 아무도 없다.

그러나 '죽음으로 끝나는 인생'이라는 말을 곡해해서는 안 된다. 인생의 결말이 죽음이라고 해서 믿는 자의 삶에 마침표가 찍

히는 것은 아니기 때문이다. 따라서 하나님의 자녀들은 인생을 비관적으로 볼 필요가 없다. 예수님을 믿는 자에게는 죽음 이후 생명의 부활이 있기에 인생이 허무하다고 생각할 필요가 없는 것이다. 오히려 육신의 연약함을 느낄수록 더욱 하나님을 의지하면서 믿음 안에서 살 때, 하나님 주시는 행복을 겪게 된다는 사실을 잊지 말아야 한다.

창조주를 기억하라

전도서를 쓴 솔로몬은 한평생 삶의 모든 일을 다 겪은 사람이다. 그의 일생을 두고 긍정적인 평가만 할 수는 없다. 그는 흠이 많았다. 욕심도 많았다. 잘못한 일도 많았다. 하지만 하나님은 그에게 지혜를 주사 놀라운 통찰력을 갖게 하셨다. 바로 그 사람이 삶의 마지막 여정에서 생각하고 쓴 말이 이것이다.

청년의 때에 너의 창조주를 기억하라(전 12:1).

'나는 이미 청년이 아닌데요'라고 생각하는 분이 계시다면, 그럴 필요가 없다. 하나님의 시간 속에서 우리는 언제나 청년이다. 내가 숨이 붙어 있는 이 순간이 청년이며, 하나님 앞에서 우리 모두는 젊은이다. 따라서 믿음으로 이 말씀을 받기 원하는 자라면

'내게 허락된 시간 동안 창조주를 기억하라'는 뜻으로 이해하면 된다.

창조주를 기억하는 인생은 다르게 산다. 내 마음대로 사는 인생이 아니라 하나님이 운전석에 앉아 계신 인생을 산다. 이성과 감정으로 저울질하며 사는 인생이 아니라 크고 놀라우신 하나님의 역사를 바라보며 인생을 산다. 숨결과도 같은 인생을 허비하며 사는 것이 아니라 짧은 인생을 의미 있는 것들로 채우려고 한다. 그래서 창조주를 기억하는 자의 삶은 다르다.

아이들을 미국에서 잠깐 키우면서 들었던 확실한 생각이 있다. 창조주를 기억하지 않는 인생을 사는 순간, 모든 가치관이 허물어질 수밖에 없다는 것이다. 매체를 통해 드러나는 상상하기도 싫은 온갖 성적 문란과 교묘한 악의 침투를 견뎌 낼 재간이 없다. 아무리 똑똑하고 좋은 학교로 진학한다고 해도, 하나님을 외면하는 인생을 사는 순간, 악의 구렁텅이에 빠져 헤어날 수 없다.

하지만 창조주를 기억하는 인생은 다르다. 그곳에는 생명이 있고 소망이 있다. 해와 달과 별을 창조하신 하나님의 피조물로 살기 때문에 준비하시는 하나님의 역사를 누리게 된다. 비록 풍족하게 살지는 못해도, 부족하지 않게 채우시는 하나님의 역사를 맛보게 된다. 이로써 이 땅을 사는 삶의 목적도 더욱 명백해지는 것이다.

그러므로 "창조주를 기억하라"라는 말씀은 내 인생이 하나님이 주시는 인생임을 고백하며, 하나님 주신 은혜로 살기 위해 반드시 들어야 하는 말씀이다. 이 사실을 망각한 채 자신만을 기억하면서 사는 인생의 끝은 불을 보듯 뻔하다.

·· 숨결과도 같은 인생

솔로몬이 말했듯이, 우리의 삶은 숨결과도 같다. 아주 짧고 덧없는 인생이다. 바람을 붙잡을 수 없듯, 이 땅에서의 삶이 끝날 때 무언가를 움켜쥐고 가는 사람은 아무도 없다. 그러므로 자신의 존재 가치를 올바로 깨닫는 것보다 더 중요한 일은 없다.

창조주를 기억하자. 창조주께서는 당신을 기억하고 계시며, 당신의 모든 삶을 아신다. 하나님을 기억하는 인생보다 위대한 인생은 없다. 이 짧은 삶 속에서 세상의 헛된 욕심을 쫓는 대신, 창조주가 허락하신 진정한 의미와 가치를 찾는 데 집중해야 한다. 우리가 잠시 머무는 이 세상에서 쌓아 올리는 모든 부와 명예는 한순간의 바람처럼 사라질지라도, 하나님과의 관계 속에서 찾은 가치는 영원히 남을 것이다.

우리가 하나님을 기억할 때, 우리의 삶은 허무함이 아닌 충만함으로 채워진다. 눈에 보이는 성공에 연연하지 않고 보이지 않는 영원한 가치를 추구하게 된다. 하나님을 기억한다는 것은 내 삶의 모든 순간이 그분의 사랑과 계획 안에 있음을 인정하는 것이다. 이것은 덧없는 세상 속에서 흔들리지 않는 굳건한 뿌리를 내리는 것과 같다. 이처럼 하나님을 기억하는 삶은 비록 짧고 덧없는 숨결과 같을지라도 영원한 의미와 목적을 지닌 위대한 인생이 될 것이다.

은혜의 발자국

1. 내 삶의 주변을 돌아보며 창조주 하나님을 기억하지 않았을 때 일어날 일들은 무엇인지 생각해 봅시다.

2. 오늘 하루도 창조주 하나님을 기억하면서 살기 위해 내가 결단해야 할 것은 무엇인지 생각해 봅시다.

─── 믿음의 기도 ───

주님! 매일 주님을 기억하기 위해 몸부림치며, 내 삶의 모든 가치관을 주님께 맞춰, 오직 주님 위해 사는 놀라운 인생이 되도록 인도하여 주옵소서.

31.
여호와를 섬기는 것보다
축복된 시간은 없다

> 이스라엘이 여호수아가 사는 날 동안과 여호수아 뒤에
> 생존한 장로들 곧 여호와께서 이스라엘을 위하여 행하신
> 모든 일을 아는 자들이 사는 날 동안 여호와를 섬겼더라
> (수 24:31)

·· 신앙의 세대 계승

'신앙의 세대 계승'이란 말이 있다. 신앙이 가족 및 공동체 내에서 다음 세대로 전달된다는 개념이다. 이런 유산(遺産)은 이전 세대가 세운 생생한 경험과 내용을 온전히 전수한다는 뜻이기도 하다. 어린 시절 나의 신앙생활의 모델은 어머니셨다. 어머니께서는 지금도 새벽 4시가 되면 항상 일어나 성경 보고 기도하신다. 비가 오나 눈이 오나 바람이 부나 늘 그렇게 하셨다. 그것이 어머니를 지탱하는 삶이었고, 나는 그것을 보고 자랐다.

여호수아의 삶도 그러했다. 그는 모세의 수종자로, 모세가 하

는 모습을 보고 배웠다(수 1:1). 여호수아의 멘토는 모세였고, 그는 모세가 죽은 후 모세의 역할을 대신했다. 분명 여호수아는 '내가 이 일을 어떻게 감당할 수 있을까' 고민했을 것이다. '나의 전임자가 모세라니……'라는 생각이 머릿속에서 맴돌았을 것이고, 부담도 됐을 것이다. 하지만 모세에게 배웠기에 그는 여호와의 명령대로 살 수 있었다. 하나님은 여호수아에게 기준을 부여해 주셨다.

> 이 율법책을 네 입에서 떠나지 말게 하며 주야로 그것을 묵상하여 그 안에 기록된 대로 다 지켜 행하라 그리하면 네 길이 평탄하게 될 것이며 네가 형통하리라(수 1:8).

여호수아는 하나님이 주신 이 말씀을 마음에 새기고, 동행하시는 여호와와 함께 걸어갔다. 수많은 산과 바다 같은 고난을 겪으면서, 그는 가나안 정복이라는 위대한 사명을 완수했고, 마침내 놀라운 결실을 얻게 됐다. 이렇게 위대한 역사를 이룬 여호수아와 그 뒤에 생존한 장로들이 평생 지켰던 것은 바로 여호와를 섬기는 일이었다.

여기서 우리가 주목해야 할 점은 여호수아의 신앙과 리더십 계승에 대한 부분이다. 여호수아는 단순히 자기 세대의 성공으로 만족하지 않았다. 그는 자신뿐만 아니라 자신의 뒤를 이을 장로들에게도 하나님이 이스라엘을 위해 행하신 위대한 역사들을 알게 했다. 이것은 하나님이 이루시는 놀라운 일들을 다음 세대에까지 전수하려는 뜨거운 열심이 없이는 불가능한 일이었다.

여호수아는 눈앞의 성공에 취하지 않았고, 미래를 내다보는 영적인 안목을 가졌다. 그는 하나님의 역사가 자신의 시대에 멈춰서는 안 되고 후대에도 계속 이어져야 함을 분명히 알았다. 그의 리더십은 단순히 가나안을 정복하는 데 그치지 않았고, 하나님의 말씀을 계승하고 전하는 데까지 미쳤다. 그야말로 여호수아는 여호와를 섬기는 일에 진심이었고 여호와의 말씀대로 살기 위해 정성을 다했다.

신앙의 롤모델

심방을 다니면서 가장 많이 들었던 기도 제목이 자녀의 신앙생활이다. 좋은 학교, 좋은 직장에 다니고, 주일학교 때까지는 잘 다닌 친구들이 지금은 교회에 보이지 않는다. 직장과 육아에 지쳐 진정한 안식을 취하지 못하고, 휴식을 가장한 노동을 하기 위해 움직이는 사람이 얼마나 많은가. 그런데 이것은 하나님이 결코 원하시는 모습이 아니다.

옛말에 "세우는 것보다 허무는 것이 더 쉽다"라는 말이 있다. 어렵게 쌓은 신앙의 가문을 무너뜨리는 것은 한순간이다. 사탄은 어렵게 세운 신앙의 가문을 넘어뜨리기 위해 지금도 그 틈을 노리고 있다(엡 4:27). 그래서 신앙의 세대 계승은 나와 상관없는 문제가 아니다.

우리 모두에게는 다음 세대에 복음을 가르쳐 지키게 해야 할 의무가 있다(마 28:20). 가정과 공동체에서 또한 어딘가에서 당신은 여호와를 온전히 섬기며 그리스도인으로, 예수님의 증인으로, 제자로 어떻게 살아야 하는지 '롤모델'이 돼야 한다. 사실 누군가의 롤모델이 되고 멘토가 되는 것은 부담스러운 일이다. 경험만 있다고 되는 것이 아니다. 본이 되어야 하고, 솔선수범해야 하고, 믿음의 열정을 가지고 살아야 한다. 그렇다고 부담을 가지라는 말은 아니다. 나의 정체성을 잊지 말고 기억하면서 하나님을 온전히 섬겨야 한다는 뜻이다.

놀랍게도 '신앙의 세대 계승'이라는 말이 성도들 사이에서 보편화된 듯하다. 가정에서는 말할 것도 없고 교회 공동체에서도 너무나 중요한 말이 됐다. 그만큼 하나님을 기억하지 못하게 하려는 세상의 문화가 거세기 때문에 그 필요성을 더욱 크게 느끼고 있다는 뜻이기도 하다.

가나안 땅에 살면서 여호와를 섬기는 것은 분명 어려운 일이다. 수많은 유혹과 도전이 우리를 에워싼다. 사탄의 속임수는 날이 갈수록 교묘해지고, 이런 상황 속에서 자신을 지키는 것은 더욱 힘들다.

그러나 우리는 질 수 없다. 하나님이 이 모든 영적 전쟁의 주관자이시기에 이길 수밖에 없다. 그저 이 사실을 내가 먼저 깨닫고,

누군가에게 알리기만 하면 된다. 어려운 일이 아니다. 익숙하지 않아서 주저할 뿐이다. 하지만 그 낯선 단계를 뛰어넘는 순간 엄청난 일을 경험하게 될 것이고, 위대한 일의 주인공이 될 것이다.

·· 여호와를 섬기는 것

여호와를 섬기는 것보다 더 축복된 시간은 없다. 따라서 우리는 여호수아와 그를 이었던 장로들의 삶을 잊어서는 안 된다. 그들이 보여 주었던 삶의 태도는 오늘을 살아가는 우리에게도 큰 도전과 영감을 준다. 우리가 여호수아처럼 하나님을 섬기며 믿음으로 나아갈 때, 하나님은 반드시 우리 가운데서 일하실 것이다.

그러므로 우리는 매 순간 하나님이 행하실 역사에 대한 기대를 품고, 믿음으로 반응하는 주님의 자녀가 되어야 한다. 여호수아가 가나안 정복의 길에서 흔들리지 않았던 것처럼, 우리 또한 삶의 어려움 속에서도 하나님의 약속을 굳게 붙잡아야 한다. 그의 삶이 오직 하나님을 향한 순종과 믿음으로 가득 찼듯이, 우리 역시 삶의 목적을 하나님을 경외하고 섬기는 데 두어야 한다. 그렇게 할 때, 하나님은 우리의 길을 인도하실 뿐만 아니라 다음 세대에까지 이어질 놀라운 역사를 우리를 통해 이루실 것이다.

은혜의 발자국

1. 나는 누구를 통해 신앙을 갖게 됐으며, 그로 인해 내 삶의 모습은 어떻게 변화됐는지 생각해 봅시다.

2. 여호와 하나님을 온전히 섬기는 데 방해가 되는 것이 있다면 무엇이며, 이를 극복하기 위해 무엇을 결단해야 할지 나눠 봅시다.

믿음의 기도

주님! 매일 여호와 하나님을 온전히 섬기기 위해 힘쓰며, 날마다 이 놀라운 역사를 많은 이들에게 전할 수 있는 주님의 사람이 되도록 인도하여 주옵소서.

32.
처음과 마지막을 아는 이의 삶은 위대하다

> 보라 내가 속히 오리니 내가 줄 상이 내게 있어 각 사람에게 그가 행한 대로 갚아 주리라 나는 알파와 오메가요 처음과 마지막이요 시작과 마침이라(계 22:12~13)

·· 창조주를 아는 지식

"태초에 하나님이 천지를 창조하시니라"라는 말씀의 의미가 얼마나 큰지에 대해 생각한 적이 있다. 하나님이 창조하신 세계를 내가 인정하고 그 안에서 살아간다는 믿음은 내게 든든한 울타리가 됐다. 나는 성경적 세계관을 자연스럽게 받아들였고, 내 삶의 모든 체계를 이 세계관을 기초로 세웠다. 물론 그 때문에 조롱과 비난을 받기도 했지만, 나의 믿음은 더욱 견고해졌다.

사실 세상의 조롱과 공격은 지금도 거세다. 사람들은 창조를 보편적인 진리로 인정하지 않으며, 상당수가 진화론을 믿는다. 그들의 논리 중 하나는 진화론이 사회 구성원들의 보편적인 합의를 통해 도출됐다는 것이다. 그러나 진리는 사람들의 합의에 의해 도출되는 것이 아니다. 다수결로 결정할 수 있는 것도 아니다. 진리는 '변하지 않는 것'이며, 오직 절대자의 말씀만이 진리다.

 내게 있어 진리 자체로 큰 위로가 됐던 말은 하나님이 천지를 창조하셨다는 말과 예수님이 "처음과 마지막이요 시작과 마침"이 되신다는 말이다. 쉽게 생각해 봐도 모든 것이 하나님의 손에 달려 있고, 나를 살리신 예수님이 시작과 끝을 주관하신다는 뜻이다. 그러므로 내 삶이 누군가에게 비난받고 조롱받는다 해도, 그것은 지나가는 것일 뿐, 결국에는 주님 손에 이끌려 사는 인생이 될 것이란 말이다. 그러므로 우리는 영원한 것에 초점을 맞춰 살아가야 한다. 순간의 기쁨에 매몰되어 영원한 것을 보지 못한다면 결코 참된 평안을 못 얻는다.

 오늘도 자기만의 목표를 위해 달려가는 이들이 있다. 비록 내 길이 앞으로 어떻게 될지 예상할 수 없지만, 전능하신 하나님의 계획이 분명하기에 그 안에서 살아가면 참된 위로를 얻게 된다. 신학자 웨인 그루뎀_{Wayne Grudem}은 하나님의 속성 중에서도 전능하심에 대해 이렇게 표현한다.

> 하나님은 전능하십니다. 하나님께는 무슨 일이든 가능합니다. 하나님이 하시고자 작정하시는 일에는 제한이 없습니다.

하나님의 전능하심은 하나님이 물리적 법칙이나 논리적 한계에 매이지 않는다는 뜻이다. 하나님은 무(無)에서 유(有)를 창조하셨고, 죽은 자를 살리셨으며, 거친 바다를 잔잔하게 하셨다. 결국 하나님의 전능하심을 믿는다는 것은 우리가 마주하는 어떤 어려움에도 결코 절망하지 않는다는 뜻이다. 전능하신 하나님은 모든 것을 해결하실 수 있는 위대하신 분이시다. 하나님을 신뢰하고 믿는 순간, 우리는 하나님의 무한한 능력 안에서 살게 된다는 것을 기억하자.

하나님의 백성으로 산다는 것

사실 위대하신 하나님에 대한 확신이 가득한 말을 듣는 것보다 큰 위로는 없다. 하나님은 그렇게 지금 이 순간도 작정하신 일을 행하시고, 우리는 그 계획 가운데서 살아가고 있기 때문이다.

그럼에도 살면서 가장 힘든 것은 하나님의 백성다움을 지키는 것이 아닐까. 위대하신 하나님의 백성답게 살면 되는데, 불현듯 '나만 이렇게 사는 것이 맞을까', '다른 사람들은 이렇게까지 애쓰지 않아도 잘 사는데, 왜 나는 이렇게 살아야 할까'라는 생각이 들 때가 있다. 바쁜 일이 있으면 주일 예배 정도는 건너뛰고 싶었지만, 막상 주일이 되면 '그래도 예배드리러 가야지'라는 마음으로 자신을 달래기도 했다.

하나님의 백성으로 사는 것은 쉬운 일이 아니다. 믿지 않는 사람들이 보면 유별나 보일 수도 있다. '도대체 돈 버는 일도 아닌데, 저렇게까지 봉사하면서 살아야 하는가', '내게 교회 오라는 소리만 안 해도 편한 관계를 유지할 수 있는데, 왜 저렇게 저 사람은 예수 믿으라고 외치는 것일까' 등등, 세상 사람들에게 예수 믿는 사람은 다르게 보인다.

하지만 그 다름을 지키는 것이 하나님의 백성이 가야 할 길이다. 예수님이 산상수훈을 통해서 말씀하셨지만, 하나님의 백성은 빛이 되어 어둠을 밝히는 사람이어야 한다. 그리스도인이 빛을 내지 못하고 산다는 것은 그냥 어둡게 살아간다는 뜻이다. 누군가에게 소망과 희망이 되고, 영향력을 끼쳐야 할 그리스도인이 그렇지 못한 삶을 사는 것은 주님이 기뻐하지 않으신다.

따라서 하나님의 백성이라면 알파와 오메가 되신 주님을 먼저 기억해야 한다. 주님이 '알파와 오메가', '처음과 마지막'이 되신다는 의미가 무엇일까. 그것은 이 땅의 세계가 존속하는 동안 모든 것을 주관하시는 분이 주님이시라는 뜻이다. 처음과 마지막을 아는 이의 삶은 위대할 수밖에 없다. 왜냐하면 그는 창조부터 심판에 이르기까지 모든 것을 주관하시는 주님과 함께 꿈꾸고 살아가기 때문이다.

아무리 큰 힘과 권력을 가진 사람도 시작과 마침을 주관하지 못한다. 세상의 권력은 한계가 있고 그들의 삶도 유한하다. 그들은 그저 흘러가는 시간의 한 부분을 살 뿐이지 처음과 마지막을 주관할 수 없다. 그러므로 이 땅을 살면서 사람에게 기대는 인생이 얼마나 어리석은지 잊지 말아야 한다. 모든 것은 지나갈 뿐이요 숨 한 번 쉬는 것과 같은 것이다.

짧고도 영원한 인생

솔로몬은 인간의 인생을 가리켜 "헛되다"고 표현했다. 여기서 '헛됨'(헤벨)은 '숨 한 번 쉬는 것과 같다'는 의미다. 결국 '인생은 숨 한 번 쉬는 것과 같이 짧은데, 왜 영원을 보지 못하고 사느냐'가 전도서의 가르침이다. 이 사실을 아는 자라면, 알파와 오메가 되신 주님의 다스림 안에 거하는 것이 너무나 당연하다.

결국 이 땅에서의 삶은 정해져 있다. 그리고 우리 주 예수 그리스도께서 속히 오실 것이라고 말씀하셨다. 마지막 때에는 그분께서 우리가 행한 대로 갚아 주실 것이란 말씀도 하셨다. 그렇다면 비록 오늘을 사는 것이 어렵고 힘들다 하여도 주눅 들거나 힘없이 살 필요가 없다. 우리의 인생을 책임져 주시는 주님이 처음과 마지막이 되시기에, 이를 믿고 사는 사람이 진정한 승리자이기 때문이다.

혹시 시간이 내 편이 아닌 것 같다고 느끼는 사람이 있는가. 늘 부족하고 시간에 쫓기며 힘들게 살면서 한 번쯤 이런 감정에 사로잡혔을지 모르겠다. 하지만 모든 시간은 하나님의 주권 아래에 있기에, 성도는 하나님이 주신 시간을 마음껏 누리면서, 주님만 의지하면서 살아야 한다는 것이다. 처음과 마지막 되신 주님이 나의 인생 가운데 함께하시고 내 모든 것을 주관하심을 믿으라.

은혜의 발자국

1. 주님이 속히 오셔서 행한 대로 모든 것을 갚아 주신다는 사실을 보며, 무엇을 느끼는지 함께 나눠 봅시다.

2. 이 땅을 사는 동안 주님의 통치하에서 사는 것이 얼마나 큰 축복인지에 대한 자신의 생각을 나누고, 내게 주신 시간을 어떻게 보내야 할지 생각해 봅시다.

믿음의 기도

주님! 처음과 마지막 되신 주님의 통치 가운데서 사는 인생이 얼마나 복된 일임을 깨달아 알게 하시고, 늘 주님의 은혜 가운데서 살아가게 하옵소서.

5부

수고했다,
잘했어!

33.
진정한 쉼은
주님께로 돌아가야 누린다

> 수고하고 무거운 짐 진 자들아 다 내게로 오라 내가 너희를
> 쉬게 하리라(마 11:28)

·· 쉼이 간절한 이유

　빠르게 변하는 세상 속에 살다 보면, 자신도 모르게 에너지가 고갈될 때가 있다. 늘 충전된 상태로 살면 좋겠지만, 내 안에 찾아드는 근심과 걱정, 염려로 인한 에너지 고갈 현상은 언제부터인가 쉽게 넘길 수 없는 현실이 됐다. 어느 것 하나 만만한 것이 없어서 버티고 있을 뿐인데, 인생의 무게는 무겁기만 하다. 예수님은 이런 수고하고 무거운 짐 진 자들에게 "내게로 오라" 말씀하신다. 도대체 이분은 누구시기에 자신에게 오는 자들을 쉬게 하겠다고 말씀하시는 것일까?
　예수님은 성자 하나님 곧 하나님의 아들로서 우리를 구하시기

위해 이 땅 가운데 오신 분이시다. 그분은 힘들고 지쳐 있는 당신의 무거운 짐을 가볍게 해주시고, 목마른 당신에게 생수를 주시는 분이시다. 그러므로 예수님께 가면 안식을 얻을 수 있다. 목말라 힘들고 지친 사람이 예수님께 가면 영혼의 갈증은 사라지고 그 배에서 생수의 강이 솟아나는 놀라운 일을 경험하게 된다.

사실 많은 사람들은 '쉼'에 대한 기대 속에서 산다. 그것은 삶에 지친 인생들이 자연스럽게 가지는 소원이다. 그러다 보니 직장인들 중에는 '휴가'만을 기다리며 사는 사람들도 많다. 여가와 여유로운 삶으로 자기 삶을 채우기를 원하지만, 과연 그것이 진정한 쉼일까?

·· 참된 쉼은 어디에서 오는가

좋은 곳에서 맛있는 것을 먹고 여유 있는 시간을 누리는 것이 영혼의 문제를 해결하지 못 한다. 바쁜 삶을 멈추면 쉼을 누리는 것 같지만, 그것은 엔진을 끈 채 열기를 시키는 것에 불과하다. 재가동되면 다시 에너지가 고갈된다. 결국 채움이 있어야 다시 에너지를 얻게 되는 것이다. 에너지를 공급받아야 다시 움직일 수 있다. 그래서 진정한 충전은 영혼의 공급으로만 가능하다.

예수님은 수고하고 무거운 짐 진 자들을 자신에게 부르셨다. 이것은 단순히 엔진을 끄기만 하겠다는 것이 아니다. 주님께 나오면 무거운 짐을 주님이 대신 들어주시고 안식을 주시겠다는 뜻이다. 또한 움직일 힘까지도 허락하신다는 뜻이다. 따라서 진정한 쉼을 누리기 위해서는 주님께로 돌아가야 한다. 주님은 무한히 공급하시는 분으로, 지친 영혼을 위로하시고 무거운 짐을 가볍게 하신다. 주님은 마치 큰 숲과 같으시기에, 주님의 그늘 밑에 들어가기만 하면 영혼의 회복을 누리게 된다.

혹시 지금까지 세상을 향해 달려가기만 했는가? 그렇다면 그 방향을 주님께로 돌리자. 가능하다면 나의 운전대를 주님께 맡기고, 주님이 안내하시는 방향에 시선을 두자. 주님이 채우시는 무한 공급을 맛본 사람은 결코 힘들지 않다. 주님께 자기 삶을 고백하며 예배자로 설 때 놀라운 채움의 역사를 누리게 될 것이다.

사실 나는 그동안 '번아웃'$_{burnout}$이 무엇인지도 모른 채 달렸다. 내게 주어진 사역에 늘 최선을 다했다. 그러다가 몸이 좋지 않음을 직감적으로 느끼게 됐다. 지금까지 끊임없이 달려왔던 에너지가 고갈됨을 느꼈고, 충전의 시간이 다가왔음을 알게 된 것이다. 하나님은 내게 사역자가 아닌 예배자로서 은혜를 경험하는 삶을 원하셨고, 나 역시 그런 삶이 필요함을 알게 됐다. 놀랍게도 주님은 이런 나를 위로하시고 만지셨으며, 다음에 가야 할 길로 인도하셨다.

이처럼 주님은 달리기만 하던 내게 오셔서 '오프'$_{off}$ 버튼을 누르셨고, 다시금 '온'$_{on}$ 버튼을 누를 수 있도록 말씀으로 충전하셨다. 결국 그 시간이 있었기에 나는 새로운 것들을 구상할 수 있는 힘을 얻게 됐고, 지금 이 순간 하나님이 주신 마음을 가지고 달려갈 수 있게 됐다.

·· 충전 시간 없이는 달릴 수도 없다

 스마트폰을 손에 들고 사는 현대인들에게 배터리 잔량은 예민한 문제다. 잔량이 얼마 없으면 불안감을 느끼고 서둘러 충전기를 찾는다. 배터리를 충전하지 않으면 우리의 일상이 멈춰버릴 것 같다. 그런데 왜 우리는 우리의 영혼에 대해서는 이렇게 무심할까? 쉼 없이 달리다 방전되어 버린 영혼의 배터리를 애써 외면하고 있는 것일까?

 혹시 아직도 방전된 상태로 방황하고 있다면 주님께로 돌아가자. 충전 시간 없이는 달릴 수도 없다. 배터리 잔량이 얼마 남지 않아 허둥대지 말고 주님에게로 돌아가자. 주님이 당신을 쉬게 하실 것이고, 말씀으로 충전시키실 것이다. 또한 주님은 참된 안식으로 영적 피곤에서 벗어나게 하실 것이다. 진정한 쉼은 주님께 돌아가는 것에 있다. 방황을 멈추고 주님 원하시는 삶의 자리로 나아갈 때, 영육의 온전함을 누릴 것이요, 상처 난 곳은 아물게 될 것이다.

 주님은 당신의 수고와 무거움을 아신다. 지금 이 순간 당신을 위로하기 원하시며, 함께하시기를 기다리신다. 힘들고 고된 인생처럼 보이지만, 주님과 함께하는 사람은 무거운 짐을 내려놓고 놀라운 일들을 경험하게 될 것이다. 진정한 쉼은 무한 공급의 원천 되신 주님과 함께할 때 시작된다. 오늘부터 그런 놀라운 쉼의 역사가 당신의 삶 가운데 일어나길 간절히 기도하며 바란다.

은혜의 발자국

1. 삶의 무게 때문에 힘들어 지쳐 있었던 경험이 있다면 언제였는지, 또한 영적으로 고갈된 상태를 이겨 내려고 어떤 노력을 했는지 생각해 봅시다.

2. 진정한 쉼은 주님께로 돌아가는 자만이 누릴 수 있다는 사실을 통해 내가 결단해야 할 것이 있다면 무엇인지 생각해 봅시다.

믿음의 기도

주님! 수고하고 무거운 짐을 주님께 온전히 내려놓고, 믿음 안에서 참된 평안을 누리는 인생이 되게 하여 주옵소서.

34.
눈물의 가치를 아는 자가
기쁨의 가치도 안다

> 주께서 나의 슬픔이 변하여 내게 춤이 되게 하시며 나의
> 베옷을 벗기고 기쁨으로 띠 띠우셨나이다 이는 잠잠하지
> 아니하고 내 영광으로 주를 찬송하게 하심이니 여호와
> 나의 하나님이여 내가 주께 영원히 감사하리이다
> (시 30:11~12)

·· 우리에게 눈물을 주신 이유

　장례식장은 인간 슬픔의 끝을 볼 수 있는 곳이다. 그곳에 가면 슬픔에 잠긴 유족들의 눈물을 보게 되고, 그들을 위로하기 위해 찾아온 조문객들의 눈물도 볼 수 있다. 그중에서도 가장 큰 눈물을 흘릴 때는 사고를 당해 고인이 된 사람의 장례식이다. 위로하기 위해 장례식장에 들어서는 순간 할 말이 없어진다.

　과거에 교통사고로 아이들을 하늘로 보낸 유족의 장례식에 가서 하염없는 눈물을 흘린 적이 있다. 정말 펑펑 울었다. 조문객으

로 참석한 나의 눈에는 흘릴 눈물이라도 있었지만, 자녀를 갑자기 하늘로 보낸 부모의 눈은 울다 못해 부어 있었다. 그들은 내가 상상도 할 수 없는 자녀 부재(不在)의 아픔을 겪고 있었던 것이다.

이처럼 한 영혼의 죽음은 달리는 사람들을 멈춰 세우고, 함께하는 것의 소중함을 느끼게 한다. 분명한 사실은 상실의 감정은 흘리는 눈물로밖에 대변할 수 없다는 것이다. 매일 보던 사람을 보지 못한다는 것, 함께하던 사람과 더 이상 함께할 수 없다는 것은 남은 자의 마음을 뜨겁게 한다. 어쩌면 뜨거워진 감정을 주체할 수 없기에, 하나님이 감정을 삭이는 방편으로 눈물이 흐르도록 하신 것이 아닐까.

인간이 반드시 겪어야 할 삶과 죽음, 그리고 이를 통해 느끼는 감정 변화는 통제도 어렵고 조절도 쉽지 않다. 그래서 울고 싶을 때는 울어야 한다. 극도의 고통, 근심, 걱정, 아픔, 상실을 둔 사람이 이성적으로 자기의 감정을 누르는 것만큼 안타까운 순간도 없다. 이것은 하나님이 만들어 놓으신 감정을 제대로 사용하지 않는 것이다.

사실 많은 사람들이 무미건조하고 이성적인 판단에 근거해 하루를 사는 경우가 많다. 감정적인 사람이라고 할지라도, 매일을 사람들과 부대끼다 보면 자신도 모르게 이성적인 판단에 근거해 산다. 하지만 매 순간 머리로만 인지하고 사는 것은 사람의 가슴을 답답하게 만든다. 감정적인 시원함이 필요할 때, 가슴이 주는 신호를 거부하지 말고 그 신호에 맞게 움직여야 한다.

·· 눈물을 아끼지 않아야 하는 이유

시인은 자신의 감정을 솔직하게 표현했다. 고통 속에 잠겨 있던 시인은 하나님이 자신의 슬픔을 춤이 되게 하시어, 더 이상 베옷을 입게 하지 않으시고 기쁨의 띠로 띠우셨다고 고백했다. 그동안 시인이 잠겨 있던 슬픔에서 벗어나게 하시고 더 이상 슬픔의 늪에서 헤매지 않게 인도하셨다는 것이다. 그러면서 시인은 이렇게 고백한다.

여호와 나의 하나님이여 내가 주께 영원히 감사하리이다(시 30:12).

시인은 슬픔에 잠겼던 자신의 감정을 부정하지 않았다. 그는 자신이 느낀 슬픔에 충실했고 시름 속에서 보낸 시간을 고백했다. 그리고 이 모든 것을 변화시키신 분이 하나님이시라고 고백한다. 하나님이 그의 울음을 웃음으로 바꿔 주시고, 그가 더 이상 잠잠하지 않고 감사함으로 나갈 수 있게 하셨다는 것이다.

결국 나의 슬픔을 기쁨으로 바꾸실 분은 하나님이시다. 그러므로 울어야 할 상황이 있다면 울어야 한다. 눈물샘이 마를 정도로 마음껏 울어야 한다. 내 가슴의 답답함이 뻥 뚫릴 정도로 울어야 한다. 그리고 주님이 슬픔에서 벗어나게 해주실 때가 되면, 기쁨으로 영광을 올려 드리며 주님께 나아가면 되는 것이다.

사실 세상에서 가장 불행한 사람 중 하나가 울어야 할 때 울지 못하는 사람이다. 자신의 위치, 이미지 등 고려할 것이 많은 사람은 우는 것도 자유롭지 못하다. 주변 사람들도 은근히 그런 모습을 권유하기도 한다. 하지만 곰곰이 생각해 보면, 그것이 다 누구를 위한 일인지, 무엇을 위한 일인지 알 수 없다.

하나님이 주신 감정을 제대로 사용하지도 못하는 것보다 안타까운 일이 있을까. 만일 눈물을 흘려야 할 때 제대로 흘렸다면, 하나님께 대한 감사도 제대로 올릴 것이다. 그러므로 눈물은 아껴야 할 것이 아니다. 오히려 슬픔의 눈물을 흘려 본 사람이 감사의 시간이 왔을 때 기쁨의 눈물도 흘릴 수 있다.

·· 감정도 하나님이 주신 것

나는 한동안 갑작스러운 사별로 어려움을 겪으시던 분들과 교제할 시간을 가졌다. 말씀은 안 하셔도 늘 검정 옷을 입고 슬픔의 감정을 드러내지 않은 채 시간을 보내셨다. 분명 슬퍼할 시간이 필요했을 것이다. 무슨 수로 그들의 아픔을 이해할 수 있을까. 그저 기다릴 수밖에 없었다.

그러다 어느 정도 시간이 흘러, '이 모든 일을 정리할 시간을 가질 수 있도록 도움을 주면 어떨까' 하는 마음이 들었다. 그때 내게 주셨던 말씀이 바로 위 구절이다. 고통 속에 있는 사람의 감정을 내가 판단할 수는 없지만, 용기를 내어 이제 기뻐할 수 있는 시간이 왔음을 알리고 기도했다. 내가 그들의 감정을 바꿀 수는 없지만, '여호와 이레' 하나님이 그 시간을 준비하사 그들이 감사의 자리로 나아가도록 인도하셨을 것이다.

감정은 하나님이 주신 것이다. 눈물의 가치를 아는 자만이 기쁨의 가치도 안다. 그러므로 슬퍼할 때 슬퍼할 줄 알고, 기뻐할 때 기뻐할 줄 아는 사람이 지혜로운 사람이다. 영적으로 건강할수록 감정에 솔직하고, 하나님께 감사와 찬송을 올려드리는 것에도 진실되다. 그러므로 내게 허락된 시간 동안 함께 울고 함께 웃으며 동행하는 것, 그리고 나의 하나님께 감사로 나아가는 것보다 중요한 삶은 없다.

혹시 아직도 슬픔 속에 잠겨 기쁨이란 감정을 느끼지 못하고 있는 사람이 있다면, 너무 조급해하지 말자. 나의 모든 감정을 주관하시고, 나를 통해 영광 받으실 주님이 때가 되면 기쁨의 감정도 회복시키실 것이다. 모든 것은 하나님이 하신다. 때가 되면 그 이유를 알게 되고, 기다림 끝에 답을 얻게 된다. 지금도 당신은 충분히 잘하고 있다. 그것으로 충분하고 그것으로 족하다.

은혜의 발자국

1. 지금까지 사는 동안 오랫동안 슬픔 속에 방황하면서 힘들어했던 경험이 있다면 적어 보고, 그 상황을 어떻게 극복했는지 생각해 봅시다.

2. 나의 슬픔을 그치게 하시고, 기쁨의 소망으로 나아갈 수 있게 하시는 분이 하나님이심을 믿는다면, 나는 오늘 어떤 삶을 살기로 결단합니까?

—————— 믿음의 기도 ——————

주님! 인간의 감정을 주관하시는 하나님이 나의 모든 슬픔을 아시니, 이제는 주님이 이 감정의 모든 부분을 치유하여 주시고, 다시금 기쁨으로 주님께 나아가 감사로 살아가는 날을 허락하여 주옵소서.

35.
웅덩이와 수렁은
함정이 아닌 골방이다

나를 기가 막힐 웅덩이와 수렁에서 끌어올리시고 내 발을
반석 위에 두사 내 걸음을 견고하게 하셨도다(시 40:2)

·· 주님을 기다린다는 것

'햇살콩'이란 작가가 지은 「하나님의 편지」(42미디어콘텐츠)라는 책이 있다. 이 책은 예수님께 쓴 편지에 예수님이 답을 주시는 형태로 쓰인 책인데, 30일 자 내용이 나의 눈을 사로잡았다.

"예수님, 이 고난이 언제쯤 끝날까요?
주님께서 이 상황을 역전시키실 능력이 있음을 믿습니다.
제게 기적을 베풀어 주세요."
이에 예수님이 답하셨다.
"나의 사랑아 나는 너와 동행하며 너의 모든 순간을 함께하고 있단

다. 네가 눈물 흘리며 애통하는 그 순간에도 너의 마음을 끌어안고 함께 아파하고 있지……. 당장은 아무 일도 일어나지 않아 마음이 낙심될지라도 내가 네 속에서 일하고 있음을 믿어주겠니?"

이 책에 쓰인 예수님의 답변을 듣고 마음에 위로를 받았는가?
그렇다면 당신은 예수님의 진심을 마음으로 받고 지금도 가슴이 뛰는 사람일 것이다. 사실 "기가 막힐 웅덩이와 수렁"에 빠져 평정심을 갖는 것은 거의 불가능하다. 자기 힘으로 최선을 다해 빠져나오려다 지치고 만다.

그러나 하나님의 백성은 그런 상황에서도 빠져나올 방도를 안다. 그것은 다름 아닌 주님을 기다리는 것이다. 낙심되는 상황이 몰려와도 답은 분명하다. 주님을 기다리는 것이다. 지금 당장은 왜 이런 일이 일어났는지 몰라도, 하나님이 나를 그런 상황에 두신 데는 다 이유가 있다. 그러므로 하나님은 때가 되면 기다리는 자에게 찾아오셔서, 수렁에서 건지시는 놀라운 일을 행하신다.

사실 기다린다는 것은 쉬운 일이 아니다. 진흙 구덩이에 푹푹 빠지는 상황인데도 기다리라고 하면 잔혹하게 들릴 수도 있다. 허우적거리다가 힘이 다 빠진 상황인데 기다리라는 것은 당사자의 속도 모르고 하는 말처럼 들릴 수도 있다. 하지만 그런 상황에서 주님을 기다리라는 말은 주님이 그 상황을 이미 아신다는 것을 전제로 하는 말이다.

주님은 내 상황을 모르지 않으신다. 비록 그때가 지금이 아닐

뿐이지, 주님은 나보다도 내 상황을 더 잘 아시고 때가 이르면 건져주실 것이다. 그러므로 주님을 묵묵히 기다릴 줄 아는 사람이 믿음 있는 사람이다. 지금 당장 너무나 급한 것처럼 보여도, 주님이 기다리라고 하실 때는 기다릴 줄 알아야 한다. 말로만 주님께 모든 것을 맡기는 것이 아니라, 급박한 순간에도 주님을 온전히 믿고 기다릴 수 있어야 한다. 그렇게 주님을 기다릴 때, 그분이 행하시는 놀라운 일들을 보게 될 것이다.

·· 바울과 실라의 하나님

사도행전 16장 24-25절을 보면, 바울과 실라는 옥에 갇혀 차꼬가 채워진 상황에도 기도하고 하나님을 찬송했다.

> 그가 이러한 명령을 받아 그들을 깊은 옥에 가두고 그 발을 차꼬에 든든히 채웠더니 한밤중에 바울과 실라가 기도하고 하나님을 찬송하매 죄수들이 듣더라(행 16:24-25).

그들은 죄수 신분이었다. 그렇다면 낙망하고 있는 것이 상식적이다. 갇혀 있는 상황 가운데서 소망을 찾을 수 있을까. 하지만 그들은 낙망하지 않고 하나님을 찬송했다. 상황과 상관없이 하나님께 영광을 올려야 한다는 믿음이 그들을 그렇게 만들었다.

놀라운 사실은 지진이 일어나 옥문이 열렸음에도 그들이 도망가지 않았다는 것이다. 오히려 바울과 실라는 죄수 신분이었음에도 자결하려던 간수를 챙겼다. 도대체 왜 그들은 "기가 막힐 웅덩이와 수렁"에 갇혀 있었음에도, 자신들의 안위보다 간수를 더 걱정했을까?

바울과 실라에게는 믿음이 있었다. 하나님이 모든 것을 주관하신다는 것을 확고히 믿었다. 하나님은 "기가 막힐 웅덩이와 수렁"에서 그들을 낙담시키시는 분이 아니라 그들을 반석 위에 세우시고 걸어가게 하실 분이라는 사실을 잘 알았다.

또한 그들은 주님이 평소 보이신 한 영혼에 대한 마음을 실천하고자 했다. 그들은 죄수의 신분이었지만 예수님의 제자라는 정체성을 잊지 않았고, 간수를 한 영혼으로 대했다. 믿음이 있었기에 낙심해야 할 상황에서 낙심하지 않고 간수를 진심으로 대할 수 있었다. 이처럼 믿음은 상식을 뛰어넘게 하고 사람을 담대하게 하며, "기가 막힐 웅덩이와 수렁"에서 나올 힘을 갖게 한다.

세상을 살다 보면 "기가 막힐 웅덩이와 수렁"에 갇혔다는 이유로 주변을 돌아보지 못할 때가 많다. 하지만 그런 상황 속에서도 바울과 실라는 자신들보다 간수의 영혼 구원을 위해 담대히 기도했다. 주님께 대한 기다림과 믿음, 사명으로 충만했기에 가능한 일이었다.

·· **웅덩이와 수렁은 나의 골방이다**

 이런 상황은 우리에게도 적용된다. 어떤 환경 속에서도 흔들리지 않고 주님을 높이며 경배할 수 있다면, 하나님은 우리를 웅덩이와 수렁에서 건져주실 것이다. 바로 이 놀라운 신비를 깨달은 자에게 웅덩이와 수렁은 더 이상 절망적인 장소가 아니라, 하나님과 깊이 만나는 기도의 골방이 될 것이다. 웅덩이와 수렁은 우리에게 허락된 기도의 골방이다.

 그러므로 앞이 캄캄해 보여도, 하나님이 분명한 뜻을 가지고 이 모든 상황을 허락하셨다는 것을 믿어야 한다. 기다림의 시간을 통해 하나님이 이루시는 놀라운 역사를 보게 될 것이다. 그 기다림은 우리의 믿음을 더욱 견고하게 만들어 줄 것이다.

 사실 믿음대로 산다는 것은 늘 모험 속에서 산다는 것이다. 순간마다 하나님이 준비하신 기적을 누리는 것이다. 이 사실을 잊지 않고 기억한다면, 아무리 어려운 상황 속에서도 소망을 품고 희망을 꿈꿀 수 있다. 이제 주님이 주시는 소망과 희망을 꿈꿀 수 있는 세계로 나아가 보자. 분명 놀라운 일이 당신 앞에 준비되어 있을 것이다.

은혜의 발자국

1. 지금까지 삶을 살면서 "기가 막힐 웅덩이와 수렁"이라고 생각되는 경험이 있다면 무엇이며, 그 상황 속에서 나는 어떻게 반응했는지 이야기해 봅시다.

2. 믿음으로 사는 인생 가운데 주님이 주시는 답은 기적임을 믿는다면, 오늘 나의 삶은 어떠해야 할지 생각하고 결단해 봅시다.

--- 믿음의 기도 ---

주님! 내가 비록 지금 기가 막힐 웅덩이와 수렁에 갇혀 허우적대는 삶을 사는 것처럼 보일지라도, 낙심하거나 낙망하지 않고 오직 주님께 희망과 소망을 두고 살아가는 인생을 살게 하옵소서.

36.
성장통은 반드시
성장으로 이어진다

모든 지킬 만한 것 중에 더욱 네 마음을 지키라 생명의
근원이 이에서 남이니라 구부러진 말을 네 입에서 버리며
비뚤어진 말을 네 입술에서 멀리 하라(잠 4:23~24)

·· **마음을 지키는 비결**

 잠언 1-9장은 잠언 전체를 아우르는 총론이다. 이 단락의 핵심 주제는 '여호와 경외'이다. 여호와를 경외하는 것이 지식과 지혜의 근본이기에, 항상 여호와를 경외하고 삶의 중심에 모시는 것보다 중요한 것은 없다는 말씀이다.
 사실 매 순간 여호와를 경외하며 살아간다면 마음을 지키는 일도 그리 어렵지 않다. 이 모든 상황이 여호와 하나님이 내게 주신 것임을 전심으로 믿기에, 내 안에서 일어나는 많은 문제들을 좀 더 평온하게 받아들일 수 있다. 하지만 매 순간 마음을 지킨다

는 것이 어디 쉬운 일인가.

누군가 나에게 "두 분은 별로 안 싸우시죠?"라는 말을 할 때가 있다. 목사이니 마음을 더 잘 지킬 것이라 생각해서 물어보는 것 같아 민망할 때가 있다. 부끄럽지만 내 안에도 여전히 해결되지 않는 문제들이 있고, 아직 성장해야 할 부분들이 있음을 고백한다.

'마음을 지킨다는 것'은 참 어려운 일이다. 누군가와 대화를 하다 보면 하루에도 마음 상할 일이 많다. 뜻하지 않거나 기분 나쁜 말을 들으면 그 상처가 오래 남는다. 당사자를 볼 때마다 상처받았던 말이 떠올라 마음의 상처가 치유되지 않았음을 느낀다. "그냥 모른 척하고 살아"라고 말하는 사람들이 있지만, 그것은 진정한 해결책이 아니다. 계속 함께해야 할 관계라면 더욱 그렇다.

결국 마음을 지킨다는 것은 인간적인 방법으로는 할 수 없는 문제임을 깨닫게 된다. 성경으로 돌아가 이 방법에 대해 곰곰이 생각해 보면, 마음을 지키는 것은 '여호와 경외'로부터 출발해야 한다는 결론에 이른다. 매 순간 여호와를 대하듯이 내 삶을 바로잡는다면, 마음을 지키지 못하는 어리석음으로부터 벗어날 수 있지 않을까?

·· '구부러진 말'이 가진 위력

혹시 지금 누군가로부터 상처를 입어 마음을 지키기 어려운 상태에 있는가? 분명 그 말이 머리와 마음에 계속 남아 있을 것이다. 문제는 이러한 상태에서 상대방에게 '구부러진 말'로 대응할 경우 상황이 더욱 악화될 수 있다는 점이다. 여기서 '구부러진 말'이란 상황을 왜곡하는 말로, 그 말은 마음의 상처를 치유하거나 상대방을 보호하지 못한다. 이러한 대응은 근본적인 해결책이 될 수 없으며, 상황을 해결하는 방법도 아님을 시편 기자는 이미 알고 있었다.

하지만 이 사실을 모른 채 많은 사람이 '구부러진 말'을 아무 생각 없이 남발하고 있다. 이것은 마음을 지키는 행위가 아니라, 오히려 마음의 상처를 오래도록 남기는 방법이다. 물론 마음을 통제하기 어려운 상황 때문에 자신도 모르게 그런 말을 내뱉을 수 있다. 처음에는 '속이 시원하다', '잘했다'고 생각할 수도 있다.

그러나 구부러진 말은 상대방의 마음에 상처를 되갚아 주는 것일 뿐, 내 마음의 상처를 회복시키지 못한다. 말은 곧 인격이므로, 내가 뱉은 말은 결국 나 자신에게도 영향을 주기 때문이다. 보통 사람들은 스트레스 해소 차원에서라도 이렇게 해야 한다고 말하지만, 정말로 그렇게 하면 스트레스가 해소될까?

오히려 구부러진 말은 부메랑처럼 되돌아와 또 다른 상처로 기억될 것이다. 내뱉으면 해결될 것처럼 보이지만, 한번 내뱉은 말은 다시 주워 담을 수 없다는 사실을 알아야 한다. 어떻게 이 문제를 해결할 수 있을까? 우리는 성경 속에서 마음의 상처가 많았던 사람들의 대응법을 살펴볼 필요가 있다.

·· 어떻게 억울함을 풀 수 있을까

성경 속에서 마음의 상처가 많은 사람을 찾는다면 욥과 요셉이다. 그들은 정말 마음의 상처가 깊었을 것이다. 억울함과 분노, 상실감 등 마음의 상처가 되는 온갖 일을 겪었다. 당신도 욥과 요셉의 이야기를 조금만 떠올려 본다면, 그들이 당한 고통과 상처가 얼마나 컸을지 알 수 있다.

그런데 그들은 자신에게 주어진 고통과 상처를 '복수'로 갚지 않았다. '받은 만큼 돌려주는' 세상의 방식으로 문제 해결을 하지 않았던 것이다. 물론 처음부터 마음을 잘 지켰다고 볼 수는 없지만 적어도 그 일이 하나님의 주권하에 이뤄지는 일이라고 생각했기에, 그들은 마음의 상처로 인한 고통을 성장통으로 받아들였고, 결국 은혜의 통로로 쓰임받게 됐다.

이 땅을 살면서 상상조차 할 수 없는 상처 속에 사는 이들이 있다. 내가 경험했다고 그들의 마음을 이해할 수 있는 것이 아니었다. 아무리 비슷한 경험이 있어도, 상대방의 마음을 온전히 이해하는 것은 불가능하다. 또한 내가 가진 마음의 상처 때문에 상대방에게 마음을 다 이해해 달라고 바라는 것도 불가능하다.

결국 이것은 사람이 할 수 있는 일이 아니다. 모든 것을 아시는 하나님만이 '구부러진 말'과 '비뚤어진 말'을 통해 생긴 상처를 해결하실 수 있다. 하나님의 마음을 알기 위해 힘쓸 때, 이런 말에서 벗어나 자신을 돌아볼 여유를 갖게 될 것이다.

내가 생각할 수 없는 큰 고통에 빠진 당신의 마음이 회복되길 바란다. 이를 위해 오늘도 당신의 마음이 지켜지기를 기도한다. 뿐만 아니라 당신의 입술이 복의 통로, 은혜의 통로로 지켜지기를 기도한다. 오직 여호와 하나님이 이 모든 문제를 해결해 주시기를, 여호와를 경외하는 심정으로 오늘 하루를 보내길 기도한다. 그러다 보면 '복수', '상처'라는 감정에서 조금은 벗어나 '치유'와 '회복'의 역사가 일어나지 않을까.

　하나님은 오늘도 당신의 마음이 따뜻해지길 바라신다. 상처 속에서 헤매는 인생이 아니라 하나님의 뜻을 좇아 바로 세워지는 인생이 되기를 바라신다. 그러므로 당신이 겪은 상처는 하나님의 역사를 통해 성장통이 되어 당신의 성장으로 이어지게 된다는 것을 기억하자. 분명 하나님은 당신의 마음을 지키시고, 하나님의 뜻을 세우시며, 아픈 당신을 회복시켜 주실 것이다.

은혜의 발자국

1. 지금까지 삶을 살면서 마음을 온전히 지키지 못해 힘들어했던 경험이 있다면 무엇인지 이야기해 봅시다.

2. 마음과 혀를 지키는 것이 하나님의 뜻을 바로 세우는 길임을 알았다면, 이를 위해 내가 무엇을 결단해야 할지 나눠 봅시다.

──── 믿음의 기도 ────

주님! 내 마음과 입술에 주님 원하시는 것들로 채우게 하사 항상 은혜로 풍성히 채워지는 것을 경험하게 하소서. 언제나 믿음 안에서 사람을 살리는 은혜로운 말을 통해 마음을 지키는 데 앞장설 수 있는 자가 되게 하옵소서.

37. 영혼에 대한 감정은 곱하기다

> 아버지가 이르되 얘 너는 항상 나와 함께 있으니 내 것이
> 다 네 것이로되 이 네 동생은 죽었다가 살아났으며 내가
> 잃었다가 얻었기로 우리가 즐거워하고 기뻐하는 것이
> 마땅하다 하니라(눅 15:31~32)

·· 잃어버린 것을 되찾는 기쁨

미국 올랜도 하면 전 세계에 하나밖에 없는 디즈니월드가 떠오른다. 디즈니랜드는 일본, 홍콩, 미국 LA에도 있지만, 디즈니월드는 올랜도에만 있다. 그러다 보니 올랜도를 찾는 많은 사람이 디즈니월드에서 보내는 시간을 소중히 여긴다. 어린 시절 '미키 마우스'와 '미니 마우스', '도널드 덕'을 기억하는 사람이라면, 이곳에서의 시간을 꿈만 같은 시간으로 여길 것이다.

나 역시 미국 동남부를 방문할 기회가 있어 디즈니월드에서 시간을 보냈던 적이 있다. 그런데 예상치 못한 일이 벌어졌다. 소

중한 나의 스마트워치를 잃어버린 것이다. 롤러코스터를 탈 때 분실할 것을 염려하여 안전하게 보관하려 했는데, 숙소로 이동하던 중 분실했다는 사실을 알게 됐다. 그 순간 디즈니월드에 왔다는 기쁨은 온데간데없이 사라지고 근심과 걱정이 나를 뒤덮었다. 혹시나 하는 마음에 스마트폰을 통해 신호가 잡힌 마지막 장소로 가보았다. 다행히도 그곳에서 스마트워치를 되찾았고, 잃어버린 것을 되찾는 감정이 무엇인지 생생하게 느낄 수 있었다.

하물며 잃어버렸던 아들, 죽었다고 생각했던 아들이 돌아왔다고 생각해 보자. 앞서 말한 감정과는 비교할 수 없는 회복의 기쁨을 누리는 것이 당연하다. 잃어버렸던 둘째 아들을 다시 만난 아버지의 심정을 무엇으로 비교할 수 있을까? 오직 사랑하는 마음으로 모든 것을 다 해주고 싶은 마음만 가득했을 것이다. 이것이 바로 부모의 마음이다.

·· 아버지의 마음

하지만 큰아들의 생각은 달랐다. 자기 몫을 이미 받아 챙긴 동생이 돌아온 것이 달갑지 않았다. 더욱이 아버지가 동생을 위해 성대하게 잔치를 여는 모습은 그의 마음을 더욱 불편하게 했다. 형의 눈에는 집에 돌아온 동생이 뻔뻔하게 보였을 것이다. 동생은 이미 유산을 받아 갔으니, 그의 머릿속은 동생의 귀환으로 발생활지 모르는 이해타산으로 가득했을 것이다. 그러다 보니 동생을 환대하는 아버지가 못마땅하게 느껴지는 것도 당연했다.

그런데 간혹 큰아들의 기분을 이해한다고 말하는 사람들을 본 적이 있다. 이는 현실에서도 흔히 있는 문제이기 때문이다. 상속 문제로 인한 형제 다툼은 드라마에서만 나오는 이야기가 아니다. 현실에서도 얼마든지 등장하는 문제이다. 그래서 '탕자의 비유'를 보며 둘째 아들만을 감싸는 아버지를 비난하는 사람들도 있다. 아버지가 둘째만 너무 예뻐해서 첫째의 마음이 상했다고 생각하는 것이다. 하지만 여기서 중요한 것은 유산이 아니라 아버지의 마음이다.

아버지에게 자녀는 둘 다 소중하다. "얘 너는 항상 나와 함께 있으니 내 것이 다 네 것이로되"라고 하신 아버지의 말씀은 진실이다. 첫째 아들은 아버지와 함께 있었기에, 아버지의 모든 것을 자유롭게 누리며 살았다. 소위 부족함 없이 모든 것을 누리고 산 것이다. 그런데 자신도 모르게 잃어버렸던 동생이 돌아왔다는 말을 듣고 비교 의식이 일어났다.

'아버지로부터 유산을 다 받아 나갔으면 돌아오지 말았어야지, 무슨 낯짝으로 돌아왔을까?'

이런 생각이 첫째 아들의 머릿속에 맴돌았을 것이다. 그러나 아버지의 마음은 한결같았다. 첫째 아들이든 둘째 아들이든, 아버지에게는 모두 소중한 아들이었다.

37. 영혼에 대한 감정은 곱하기다

·· 비교할 수 없는 은혜

아들을 잃어버린 아버지의 마음을 상상해 본 적이 있는가?

그것은 평생 상처로 남는 일이다. 아버지에게 아들은 언제나 소중하고 귀중한 존재일 수밖에 없다. 그러므로 큰아들은 동생의 귀환을 못마땅하게 여길 것이 아니라, 자신도 함께 기뻐해야 마땅했다. 그것이 아버지의 마음을 이해하는 길이고, 잃어버렸던 아들을 찾게 된 부모의 마음을 공감하는 태도이기 때문이다.

당신은 그 아버지의 마음을 헤아리며 살고 있는가?

한 영혼의 상실은 단순한 '빼기'가 아니라, 세상 전부를 잃은 듯한 '곱하기'와 같다. 다른 어떤 존재로도 채워지지 않는 절대적인 '0'의 감정이다. 그러나 잃어버린 영혼을 되찾는 순간, 그 기쁨은 단순한 '더하기'가 아니라 세상 전부를 얻은 듯한 '곱하기'가 된다. 그만큼 아버지에게 자녀의 존재는 무한한 기쁨인 것이다.

이처럼 하나님 아버지는 잃어버린 영혼을 소중히 여기신다. 따라서 잃어버린 아들의 귀환을 그토록 귀하게 여기시는 것이다. 만일 내 마음속에 큰아들과 같은 마음이 든다면, 그것은 월권 행위다. 사람의 생명보다 소중한 것은 없으며, 잃어버린 아들을 찾은 아버지의 마음에 또다시 대못을 박는 행위나 다름없다. 둘째 아들의 행동에 대한 잘잘못을 따진다 해도, 그것은 오직 아버지의 몫이다. 그래서 우리는 우리의 잘못에도 불구하고 하나님이 베푸시는 사랑과 은혜를 누리며 살아갈 수 있는 것이다.

따라서 은혜를 비교해서는 안 된다. 내가 받은 은혜가 얼마나 큰지 안다면, 은혜를 베푸는 이의 마음을 공감할 수 있어야 한다. 만일 내 안에 알 수 없는 불만과 불평이 늘었다면, 그것은 아버지와 함께하는 기쁨을 진정으로 알지 못하는 어리석음 때문이다.

우리 주님은 우리와 함께하시기 위해 이 땅에 오셨다. 그러므로 주님과 함께하는 기쁨을 누리는 것을 나 혼자만의 것으로 사유화하는 것은 잘못이다. 주님의 사랑은 함께 나누어야 하고, 주님이 베푸신 은혜도 함께 누려야 하는 것이다. 아버지와 함께하는 것 자체가 축복이라는 사실을 기억해야 한다.

주님은 오늘도 한 명의 잃어버린 영혼을 찾으라고 우리에게 사명을 주신다. 그 사명은 경제학에서 말하는 이른바 '파이 나누기' 개념이 아니다. 내가 먹는다고 없어지는 것이 아니다. 함께 나누면 더욱 커지는 '오병이어'의 개념이다. 그러므로 오늘도 한 명이라도 더 찾기 원하시는 주님의 마음을 이해하며, 그 은혜를 함께 누릴 수 있어야 한다. 그것이야말로 이 땅을 사는 성도가 가져야 할 마음이며, 자녀 된 우리가 기억해야 할 모습이다.

은혜의 발자국

1. 한 영혼의 소중함을 강조하시는 주님의 모습을 보며 자신의 모습은 어떠한지 솔직하게 나눠 봅시다.

2. 항상 주님과 동행하는 기쁨이 가장 큰 기쁨임을 잊지 않고 살아가기 위해, 내가 가져야 할 마음의 자세와 삶의 태도는 무엇인지 이야기해 봅시다.

믿음의 기도

주님! 아들을 잃어버린 아버지의 마음이 어떠한지 알게 하사, 한 영혼에 대한 갈급한 심정으로 살아가는 믿음의 자녀가 되게 하옵소서.

38. 물 댄 동산인 당신 곁에서 생명의 역사는 일어난다

> 여호와가 너를 항상 인도하여 메마른 곳에서도 네 영혼을 만족하게 하며 네 뼈를 견고하게 하리니 너는 물 댄 동산 같겠고 물이 끊어지지 아니하는 샘 같을 것이라 네게서 날 자들이 오래 황폐된 곳들을 다시 세울 것이며 너는 역대의 파괴된 기초를 쌓으리니 너를 일컬어 무너진 데를 보수하는 자라 할 것이며 길을 수축하여 거할 곳이 되게 하는 자라 하리라(사 58:11~12)

·· 문명은 강을 따라

세계 주요 도시마다 유명한 강이 흐른다. 뉴욕에는 허드슨강이 있고, 런던에는 템스강이 있다. 파리에는 센강이 있고, 카이로에는 나일강이 있다. 모스크바에는 모스크바강이 있고, 상하이에는 황푸강이 있으며, 서울에는 한강이 있다. 강은 시민들의 식수, 요리, 청소 등을 위한 담수의 원천이 된다. 또한 강은 역사적으로 사람과 물자를 비교적 저렴하게 운송하는 역할을 했고, 침입자에 대한 자연적 방어를 제공했기에 도시는 강을 중심으로 건설됐다.

　세계 4대 문명이 강을 따라 형성된 것도 잘 알려진 사실이다. 그렇게 강은 사람을 모이게 함으로써 도시를 이루게 하고 놀라운 문명을 창출하는 역사의 장소가 됐다. 이처럼 강의 위대한 역할은 인류의 역사 속에서 증명됐고, 인류의 역사는 강물의 흐름을 따라 번영했다. 그러므로 강은 생명을 탄생시키는 공급원이자, 건설의 요충지이며, 재건을 위한 필수적인 조건이다.

　이처럼 강은 인류의 삶을 규정해 왔다. 강의 물줄기를 따라 도시가 번성했듯, 우리의 인생 또한 흐름을 어떻게 받아들이고 순응하느냐에 따라 그 모습이 달라진다. 결국 강물이 끊임없이 흘러야 생명이 유지되듯, 우리 또한 흐름 속에서 우리의 삶을 발견하고 만들어 가야 한다.

·· 물 댄 동산과 같은 삶

　성경에서는 강과 같은 물의 흐름을 하나님의 인도하심과 보호하심으로 묘사한다. 이사야는 하나님의 인도하심과 공급하심, 회복을 설명하며 이스라엘 백성을 "물 댄 동산"에 비유했다. 이는 하나님이 지속적으로 공급을 베푸시는 땅을 의미하는 것으로,

이스라엘은 새로운 활력의 요충지가 되어 끊임없이 풍요로운 삶을 누리게 된다는 뜻이다. 그렇기에 "물 댄 동산"이자 "물이 끊어지지 아니하는 샘"이 되게 하시겠다는 것은, 이스라엘이 더 이상 메마르지 않고 재건의 역사를 경험하게 될 것이라는 약속이다.

사실 당시 이스라엘 백성의 상황은 암울했다. 바벨론 포로 생활을 마치고 유다로 돌아가던 시기는 결코 순탄치 않았다. 돌아온 고국은 폐허였고 아무런 희망도 보이지 않았다. 그들은 앞으로 펼쳐질 미래가 장밋빛이 아님을 직감했을 것이다.

하지만 하나님이 이사야를 통해 이스라엘 백성에게 주신 메시지는 '끊어짐'의 역사가 아니었다. 하나님은 이스라엘이 대대손손 하나님의 인도하심과 공급하심을 누릴 것이고, 그곳에는 새롭게 생명의 역사가 일어날 것이라는 약속을 주셨다. 결국 눈에 보이는 황폐함에 사로잡혀 믿음 없는 백성으로 살 것이 아니라, 앞으로 하나님이 보이실 이 땅이 물 댄 동산이 될 것을 믿고 파괴된 기초를 다시 쌓는 데 힘쓰라는 것이다.

그러므로 물 댄 동산과 같은 삶을 살기 위해서는 눈앞의 현실이 아무리 메말라 보여도, 그 속에 담긴 하나님의 약속을 믿고 순종하는 믿음이 필요하다. 하나님의 말씀이 끊어지지 않는 샘물이 되어 우리의 마음에 흐를 때, 우리는 황폐한 땅에서도 생명의 역사를 일구어 내는 물 댄 동산이 될 수 있다.

·· 어려움은 곧 회복의 기회

한때 코로나19로 인해 많은 교회가 어려움을 겪었다. 모든 것이 무너졌다고 느껴지는 시기였다. 그동안 당연하게 여겨왔던 모든 사역이 멈추었고, 예배드리는 것조차 어려운 시간을 보내야 했다. 그러나 아무리 힘든 상황 속에서도 하나님은 황폐해진 곳을 보수할 자들을 세우셨고, 말씀을 통해 다시금 살아나게 하셨다. 세속적인 일로 정신없이 달려가던 우리를 잠시 멈추게 하시고 재건의 역사를 일으킬 시간을 주신 것이다. 그리하여 많은 교회가 물 댄 동산의 은혜를 다시 누리도록 하나님이 일하셨고, 이후 수많은 교회가 회복의 역사를 경험하고 있다.

이러한 역사는 하나님의 백성이 모이는 곳마다 계속될 것이다. 광야 생활을 통해 갈급해진 백성들이 다시금 은혜의 단비를 누리고, 무너진 곳을 함께 재건하기 위한 발걸음은 더욱 가속화될 것이다. 뿐만 아니라 우리 각 개인이 예배자로서 자신이 물 댄 동산임을 깨닫고 살아갈 때, 세상으로 향하는 은혜의 물줄기가 되어 거침없이 흘러갈 것이다. 그리고 구부러진 곳들을 하나님의 은혜로 곧게 펴는 역할로 쓰임받게 될 것이다.

비록 매일의 삶이 메마른 것 같아 힘들어할지도 모른다. 하지만 누가 뭐라고 해도 우리는 하나님이 준비하신 은혜로 충만한, 물 댄 동산이다. 하나님은 우리를 너무나 사랑하시고 우리가 머무는 곳마다 생명의 역사가 꽃피기를 기대하신다. 따라서 우리는 매 순간 참된 예배자로 하나님의 말씀을 먹으며, 주님이 흘려주시는 은혜의 강물이 흘러넘치기를 소망하는 마음으로 살아야 한다. 그 결과 우리가 전하는 예수님을 통해 많은 이들이 영적인 갈증을 해소하는 기쁨을 누리게 될 것이다. 우리가 전하는 복음은 시대를 살리는 메시지가 될 것이며, 소망 없이 사는 이들의 참된 소망이 될 것이다.

그러므로 결코 낙심하거나 좌절하지 말고, 믿음 안에서 기도하고 감사함으로 주님 앞에 나아가자. 우리는 분명 물 댄 동산이자 마르지 않는 은혜의 샘이 될 것이다. 우리 한 사람 한 사람이 성령의 강물이 되어 우리가 사는 모든 곳에 하나님의 생명수가 흘러넘치기를 소망한다.

은혜의 발자국

1. 나의 영혼에 은혜가 없고 메마른 상태로 보냈던 경험이 있다면, 그 이유가 무엇인지 생각해 봅시다.

2. 내가 항상 은혜를 누리는 물 댄 동산으로 다른 이들에게까지 선한 영향력을 미치기 위해 해야 할 일은 무엇인지 생각해 봅시다.

———— 믿음의 기도 ————

주님! 내가 은혜의 물 댄 동산이 되게 하시고, 하나님이 부으시는 끊임없는 말씀의 공급을 받아 누리며, 세상을 향해 흘려보낼 수 있는 믿음의 자녀가 되게 하옵소서.

39.
함께 지어져 가는 훈련 속에서
따뜻한 공간이 마련된다

> 너희는 사도들과 선지자들의 터 위에 세우심을 입은 자라
> 그리스도 예수께서 친히 모퉁잇돌이 되셨느니라 그의
> 안에서 건물마다 서로 연결하여 주 안에서 성전이 되어
> 가고 너희도 성령 안에서 하나님이 거하실 처소가 되기
> 위하여 그리스도 예수 안에서 함께 지어져 가느니라
> (엡 2:20~22)

·· 신앙고백의 의미

예배 시간에 다른 분들을 따라 외웠던 것이 두 가지가 있다. 하나는 '사도신경'이요, 하나는 '주기도문'이다. 주기도문은 예수님이 제자들을 향해 "너희는 이와 같이 기도하라"고 알려 주신 기도의 모범이다. 그래서 어린 시절에 주기도문을 암송하는 것은 머리로 이해할 수 있었다. 하늘에 계신 하나님 아버지께, 이 땅 가운데 하나님의 뜻이 온전히 이뤄지기를 간구하고, 악으로부터

구해 달라는 기도는 반드시 필요하다고 생각했다. 그런데 사도신경은 뭔가 어렵게 느껴졌다. '도대체 이것이 무엇이기에 예배 시간마다 고백하는 것일까'라는 의문 속에서 시간을 보낸 적이 있다. 사도신경의 내용은 다음과 같다.

첫째, 창조주 아버지에 관한 신앙고백,

둘째, 아들 하나님과 그분이 우리를 구속하신 일에 대한 신앙고백,

셋째, 성령 하나님과 교회 및 성도의 거룩하고 영원한 삶에 관한 신앙고백이다.

하나님을 믿는 백성이라면, 기독교 핵심 신앙을 자기 입술로 고백할 수 있어야 하는데, 이것을 간결하고도 명확하게 정리한 것이 '사도신경'이다.

이처럼 사도신경을 고백한다는 것은 '삼위일체 하나님'을 믿을 뿐 아니라 거룩한 교회 안에서의 성도의 교제를 소망하며, 죄 용서와 육체의 부활, 영생에 대한 소망을 믿는다는 뜻이기도 하다. 따라서 "사도들과 선지자들의 터 위에 세우심을 입은 자"라면 "그의 안에서 건물마다 서로 연결하여 주 안에서 성전이 되어"가기 위해 사도신경을 늘 기억하고 입술로 고백해야 한다. 이처럼 성도가 삼위일체 하나님을 믿음으로 고백하고, 함께 기독교 교리 위에 세워지는 것은 너무나 중요한 일이다.

우리가 교회입니다

과거에 "40일 캠페인, 우리가 교회입니다"를 위해 교재와 묵상집을 제작 발간했던 적이 있다. 이것은 사랑의교회가 세운 공동체 고백을 기초로 도출된 '액션플랜'_Action Plan_을 실행으로 옮기는 캠페인이다. 정리해 보면, 첫째, "하나님을 기쁘게 찬양하는 성령 충만한 예배자"가 되고, 둘째, "진리를 배우고 수호하는 은혜에 빚진 훈련자"로 거듭나, 셋째, "땅끝까지 복음을 전파하는 전도자"의 사명을 온전히 갖추고 살자는 뜻을 담았다.

그리고 "이웃의 아픔을 함께하는 치유자"가 되어 이웃 사랑이라는 교회의 대사명을 실천하고, "온 성도가 하나 되는 화해자"로 교회 내외부의 '갈등 해결자'_Peace Maker_의 역할을 감당하자는 의미도 있다. 또한 "사회적 책임을 다하는 소명자"가 되어 주어진 사역을 믿음으로 감당하며, 하나님 나라의 일터 선교사로 헌신하자는 것이 핵심이다.

놀랍게도 이 캠페인을 도입한 여러 교회는 예수님의 사랑을 발견하게 됐고, 성도의 의미와 성도가 서로 지어져 간다는 것이 무엇인지에 대한 깊은 깨달음을 얻게 됐다. 그 결과 많은 이들이 이 캠페인을 통해 교회의 본질에 대해 다시금 고민하고 회복하는 시간을 가지게 됐다. 결국 교회가 본질에 집중하면 살아날 수밖에 없음을 경험한 시간이었다.

이처럼 예수님을 모퉁잇돌로 삼아 함께 지어져 가기 위해 힘쓰는 교회 건축보다 아름다운 건축이 있을까? 내가 주님의 성전으로 건축되고, 하나님이 거하시는 처소가 되기 위해서는 내 안에 믿음의 고백이 있어야 한다. 또한 믿음의 고백을 하는 성도가 힘을 합해 주님 나라를 바라보고, 하나님이 바라시는 건물의 일부로서 온전히 기능을 다하게 된다면, 그 어떤 상황이 닥쳐온다 하더라도 바로 세워져 가는 은혜를 누리게 될 것이다.

·· 함께 지어져 간다는 것

혹시 지금 이 시간, 홀로 외롭게 하루를 보내거나 누군가로부터 상처받아 힘들어하는 이가 있는가?

사실 건물과 건물을 서로 연결하는 작업은 쉬운 일이 아니다. 하나의 건축물이 온전히 세워지기 위해서는 누군가의 희생과 헌신, 그리고 끊임없는 훈련이 필요하다. 그렇게 서로를 지탱하고 보완해야만 많은 사람이 그곳을 안전하게 지나다닐 수 있게 된다. 그러나 자기중심적인 인간은 예수님을 공동체의 모퉁잇돌로 두려고 하지 않는다. 늘 그 자리를 자신의 것으로 여기고 자기만의 이익을 위한 건축물을 세우려다 보니 '함께 지어져 간다'는 것의 의미를 깨닫지 못하는 것은 아닐까.

'함께 지어져 간다는 것'에는 고난이 따르고, 인내의 시간이 필요하며, 철저한 준비가 있어야 한다. 다른 이들의 빈 부분을 채워 주기 위한 묵묵한 헌신도 필수적이다. 따라서 우리는 섬기는 사람이 되어야 하고, 자기 유익보다 상대방을 먼저 생각하는 자세를 가져야 한다. 이러한 태도는 지금 이 시대의 가치관과는 맞지 않는 것처럼 보일 수 있으나, 사실은 다음 세대에도 물려주어야 할 고귀한 가치다. 함께 지어져 가지 않으면, 결국 공동체는 무너질 수밖에 없다.

함께 지어져 가기 위해서는 소통 또한 필수불가결하다. 소통을 통해 서로의 모난 부분들이 깎이고 다듬어지면서 더욱 성숙한 인격으로 성장하게 된다. 결국 이와 같은 노력과 과정을 통해 하나님이 바라시는 진정한 공동체가 탄생하는 것이다. 그 공동체는 나 혼자가 아니라 서로가 서로에게 의지하며 함께 세워져 가는 아름다운 건축물과 같다.

이처럼 성도는 예수님이 자기 백성을 살리시기 위해 애쓰신 모습을 본받는 훈련이 필요하다. 내 기준이 아닌 예수님을 기준으로 삼고, 함께 성장하기 위해 힘쓰는 사람은 분명 자기 성장만을 위해 힘쓰는 사람과는 다른 그릇을 갖게 된다. 그 사람은 분명 공동체를 든든하게 세우는 디딤돌이 될 것이며, 믿음 안에서 놀라운 속도로 자라가게 될 것이다.

함께 지어져 가기 위해 힘써 보는 것은 어떨까? 물론 쉬운 일은 아니다. 하지만 달리 생각해 보면, 이보다 더 가치 있는 일은 없다. 주님이 말씀하시는 가장 고귀한 가치를 세우고, 함께 성장할 수 있다면 도전해 볼 만하지 않을까. 분명 하나님은 이러한 당신을 위해 무엇인가를 준비하고 계신다. 마치 모세를 보내실 때, 그를 돕기 위해 아론을 붙여 주셨던 것처럼 말이다. 바로 그렇게 주님 안에서 함께 자라도록 하나님은 당신을 도우실 것이다.

은혜의 발자국

1. 함께 지어져 가는 것이 힘들어서 자신도 모르게 그 자리에서 빠져나와 지냈던 경험이 있다면 언제였는지 생각해 봅시다.

2. 모퉁잇돌 되신 예수님을 기준 삼고, 성도들이 함께 지어져 가려면 나부터 어떤 모습으로 섬겨야 할지 생각해 봅시다.

――― 믿음의 기도 ―――

주님! 주님의 몸 된 교회가 함께 지어져 가기 위해 나의 욕심과 생각들을 내려놓고, 오직 주님의 뜻만이 온전히 드러날 수 있도록 인도하여 주옵소서.

40.
괜찮다,
지금도 충분하다

> 만군의 여호와가 말하노라 스알디엘의 아들 내 종
> 스룹바벨아 여호와가 말하노라 그 날에 내가 너를 세우고
> 너를 인장으로 삼으리니 이는 내가 너를 택하였음이니라
> 만군의 여호와의 말이니라 하시니라(학 2:23)

·· 자녀라 부르시는 하나님

　"Who You Say I Am"라는 찬양곡이 있다. 직역하면 "당신이 말하는 나는 누구인가"이다. 한국에서는 "날 자녀라 하시네"로 번역되어 코로나19 시기를 이기는 데 큰 힘이 된 찬양이다. 재미있는 것은 영어 제목은 '질문' 형태인데, 한국어 제목은 질문에 대한 '답'으로 번역됐다는 사실이다. 개인적으로 번역한 분이 참 감각적이라고 생각했다. 자기 정체성을 직접적으로 드러내면서 내가 누구인지를 말하는 제목이 한국인 정서에 더 맞다고 생각했다. 그리고 이 곡을 들으면서 묵상했던 성경 구절이 로마서 8장

14-15절이었다.

> 무릇 하나님의 영으로 인도함을 받는 사람은 곧 하나님의 아들이라 너희는 다시 무서워하는 종의 영을 받지 아니하고 양자의 영을 받았으므로 우리가 아빠 아버지라고 부르짖느니라(롬 8:14-15).

바울은 "하나님의 영으로 인도함을 받는 사람"은 "하나님의 아들"이라고 말하면서, 인도함을 받고 있는 우리는 양자의 영을 받았기에 이제는 하나님 아버지를 "아빠 아버지"라 부르게 됐다고 한다. 이 구절을 처음 본 순간, 나는 하염없이 눈물을 흘렸다. 도대체 아무것도 한 것이 없는 내가 하나님을 "아빠 아버지"라 부를 수 있다는 사실이 믿기지 않았다. 특히 "Who You Say I Am"의 첫 구절이 나의 가슴에 큰 울림을 주었다.

> 자격 없는 날 왕께서 반기시네
> 잃어버린 날 찾으신 오 그 사랑 오 그 사랑
> 독생자 예수 자유케 하네 주의 자녀라 하시네.

말이 안 되는 일이 일어난 것이다. 아무 자격 없는 나를 왕께서 반기셨고, 나를 주의 자녀로 확증하셨다. 죄 많고, 나밖에 모르고, 내 생각만 하는 내게 주님은 "괜찮아……, 지금도 충분해"라고 말씀하시며, 나의 어깨를 두드리고 안아 주셨다.

주님은 앞이 보이지 않고 막막했던 수험생 기간에 갈 길을 보여 주셨고, 옥탑방과 반지하에서 살 때 늘 따뜻하게 먹을 것을 공급해 주셨다. "하나님 나라를 이 땅 위에", "제자가 되고 공동체를 이루어 세상을 변화시키자"라고 외치는 공동체를 만나 꿈을 키우게 하셨다. 대한민국 최전방 사단의 소초장과 인사장교로 근무할 때는 헌신과 책임, 그리고 사명에 대한 마음을 허락하셨다. 5년의 대기업 근무를 통해서는 세상을 알게 하셨고, 사역자가 되어 복되고 아름다운 교회를 섬길 수 있는 기회를 주셨으며, 교회를 개척할 수 있는 은혜까지 허락하셨다. 가만히 생각해 보면 너무나 부족하고, 너무나 모자란 자에게 하나님은 때마다 은혜로 채우셨고, 지금도 한량없는 은혜로 갈 길을 인도하고 계신다.

·· 지금 내 모습도 괜찮다

이따금 나도 내 모습 그대로 괜찮다는 위로가 필요할 때가 있다. 그런 나에게 학개 2장 23절 말씀은 다시 한번 큰 위로로 다가왔다.

> 만군의 여호와가 말하노라
> 스알디엘의 아들 내 종 스룹바벨아 여호와가 말하노라
> 그 날에 내가 너를 세우고 너를 인장으로 삼으리니

이는 내가 너를 택하였음이니라
만군의 여호와의 말이니라 하시니라(학 2:23).

인장은 왕의 권위와 신실함을 상징한다. 하나님이 스룹바벨을 '인장'으로 삼으셨다는 것은 그를 왕손으로 택하시고 마태복음 1장의 예수님 족보 가운데 당당히 이름을 올리셨다는 의미다. 황폐하고 무너진 예루살렘을 재건하기 위해 하나님은 한 사람을 택하여 세우시고, 바로 그를 통해 예수님이 세상에 오실 길을 예비하셨다는 사실이 나의 가슴을 다시 뛰게 했다.

스룹바벨은 결코 완벽한 사람이 아니었다. 그는 바벨론 포로 생활을 겪었고, 돌아온 고국은 폐허나 다름없었다. 그야말로 모든 것이 다 무너진 상황이었다. 그런데 하나님이 주신 재건의 사명은 너무나 거대했고, 그는 분명 자신의 부족함을 느꼈을 것이다. 그러나 하나님은 그를 택하셨고, 그의 부족함을 통해 하나님의 놀라운 역사를 이루셨다. 스룹바벨이 완벽해서가 아니라, 하나님이 그를 택하셨기에 그가 하나님의 권위를 대변하는 존재가 된 것이다.

이처럼 하나님은 우리의 부족함과 연약함에도 우리를 하나님의 손에 들린 소중한 도구로 사용하길 원하신다. 지금 내 모습이 비록 미약해 보이고 처한 현실이 황폐할지라도, 하나님이 나를 택하셨다는 사실이 나를 다시 일으켜 세운다.

괜찮아, 지금도 충분해

  나 같은 자가 예수님의 자녀가 됐다는 사실, 예수님이 나를 택하시고 지키시며 자녀라고 말씀하시는 사실보다 더 큰 은혜가 있을까. 자격 없는 우리에게 주시는 택함의 은혜보다 큰 은혜는 없다. 따라서 지금 우리가 무엇을 하고 어떤 상태에 있더라도 하나님이 우리를 포기하지 않으심을 우리는 알아야 한다. 우리가 하나님을 포기하는 어리석은 모습을 보일지라도, 하나님은 여전히 우리를 붙드시며 우리 곁에 계시기 때문이다.

  혹시 눈에 보이는 현실 때문에 힘들어하고 있지는 않은가? 누군가와 우리 자신을 비교하며 오늘도 여전히 좌절 속에 살고 있지는 않은가? 하나님이 우리에게 허락하신 축복을 아직 깨닫지 못하고 우울한 하루를 보내고 있지는 않은가?

  만일 우리가 그런 상황에 있다면, 그 모든 생각들을 내려놓자. 주님이 우리를 기다리고 계시고, 자녀라 부르시며 반기신다. 우리가 어디서 무엇을 하든, 부모 되신 주님이 우리를 기다리고 계신다는 사실을 기억하자. 그러므로 낙심할 필요 없다. 낙망할 필요 없다. 좌절할 필요도 없다. 우리를 통해 일하실 하나님의 역사를 기대하고 기다리며 우리 자신을 위로하고, 힘들어하는 누군가에게 그 위로를 흘려보내자.

  비록 우리의 모습이 부족해 보일지라도, '괜찮다'고 말씀하시며 위로해 주시는 하나님이 계심을 믿고, 매 순간 말씀과 기도로 우리의 정체성을 재정립해 나간다면, 풍파 속에서도 흔들림 없는 날들을 보낼 수 있게 될 것이다.

다시 한번 우리가 하나님께 택함받은 자녀라는 사실을 기억하자. 너무 걱정할 필요 없다. 천천히 하나씩 해결해 나가면, 하나님이 준비하시는 손길을 만나게 되고 놀라운 역사를 보게 될 것이다. 그래서 지금도 괜찮다. 지금 우리의 모습 자체만으로도 충분하다. 하나님이 여전히 우리를 사랑하시며 말씀하신다.

"괜찮아, 지금도 충분해."

은혜의 발자국

1. 아무 자격 없는 자에게 베푸시는 하나님의 은혜가 얼마나 큰지 함께 나눠 보는 시간을 가집시다.

2. 내가 택함받은 자라는 사실을 잊은 채로 보냈던 시간은 언제이며, 이 사실을 알게 된 내게 필요한 마음가짐은 무엇인지 생각해 봅시다.

믿음의 기도

주님! 내가 주님께 택함받았다는 사실을 늘 기억하며, 믿음으로 이 모든 사실에 반응하게 하시고, 언제나 주님의 자녀다운 모습으로 밝게 살아가는 주님의 제자가 되게 하옵소서.

에필로그

당신은 하나님의 사람입니다

걱정 속에서 대부분의 시간을 보낸 적이 있다. 오늘 무엇을 해야 할지, 내일은 또 어떻게 살아야 할지 보이지 않는 미래 때문에 마음 졸였다. 하지만 미래는 과거와 현재와 연결된 선상에서 오는 것이기 때문에 보이지 않아도 상관없다. 그저 오늘을 살면서 걸어가면, 하나님이 준비해 주신 미래를 만나게 되는 것이다. 내가 보지 못해도, 하나님이 보고 계시고 나를 인도하신다.

건강 문제로 힘겨워했던 기억이 있다. 아파서 움직일 수 없는 시간이 있었기에, 움직이는 것의 소중함을 안다. 건강할 때는 자기 삶이 얼마나 감사한 삶인지 모른다. 그러다 아프면, 지금까지 있었던 시간이 주마등처럼 지나간다. 하나님 앞에서 부끄럽게 느껴지는 시간이 생각나기도 하고, 주변 사람들에게 좀 더 잘해 주지 못했던 기억이 나기도 한다. 그렇다고 자책할 필요 없다. 누군가의 말처럼 아픈 만큼 성장하고, 아픈 시간이 있었기에 타인에 대한 이해의 폭도 넓어진다. 지금은 당장 아파서 아무것도 할 수 없는 것처럼 보여도, 하나님이 일하고 계시고 당신을 인도하신다.

가족 걱정으로 시간을 보낸 적이 있다. 배우자, 부모, 자식, 친척 관계로 골머리 아파 본 적이 있는 분은 그 무게가 얼마나 무거운지 알 것이다. 그때는 그 문제가 그리도 커보였는데, 지금 되돌아보면 지나가는 시간 중 하루였음을 알게 된다. 그런데 그것도 겪어 봐야 알기에, 늦게 알아도 괜찮다. 지금이라도 알게 된 것이 다행이고, 지금이라도 깨달았기에 마주 보며 웃을 수 있는 것이다. 하나님은 그런 나와 당신의 가족을 보고 계시고 지금도 인도하신다. 삐거덕대는 것처럼 보여도 괜찮다. 이 또한 많은 이들이 겪는 일이요, 성화의 과정을 사는 당신을 위해 준비된 과정이다. 하나님은 이미 알고 계시고, 어떻게 가야 할지 곧 알려 주실 것이다.

이처럼 이런 문제 앞에 서있으면 문제가 너무나 커보이고, 나에게 도대체 왜 이런 일이 생겼는지 자책하며 시간을 보낸다. 하지만 그것 또한 괜찮다. 왜냐하면 당신을 인도하시는 하나님은 이 또한 아시고, 조용히 찾아와 당신을 위로하시며, 지금 이 순간에도 안아 주고 계시기 때문이다.

물론 연약해서 자주 넘어질 수도 있다. 하지만 괜찮다. 지금으로도 충분하다. 당신은 하나님의 사람이며, 오늘도 예수님의 제자로 살아갈 것이기 때문이다. 비록 아프고, 힘들고, 괴롭고 이 모든 것을 벗어버리고 싶은 마음이 들더라도 괜찮다. 다 해결되지 않는 것처럼 보여도 괜찮다. 당신은 충분히 잘하고 있고, 하나님이 당신을 위로하시기 때문에 괜찮다.

그저 하나만 기억하자. "당신은 하나님의 사람이다." 누가 뭐래도 당신은 하나님의 사람이기에, 문제 앞에서 매몰되는 인생이 아닌, 문제 해결의 당사자로 쓰임받게 될 것이다. 그러나 그것은 당신에게 능력이 있어서 일어나는 일이 아니라, 당신이 하나님의 사람이기 때문에 일어나는 일이다. 그래서 지금 비록 힘들고 어려워도 괜찮다. 당신은 하나님의 사람이기 때문에 괜찮고, 그것으로 충분하다.

괜찮아, 지금도 충분해
위로와 격려가 필요한 이들에게

초판 발행	2025년 9월 10일
지은이	조철민
발행인	손창남
발행처	(주)죠이북스(등록 2022. 12. 27. 제2022-000070호)
주소	02576 서울시 동대문구 왕산로19바길 33, 1층
전화	(02) 925-0451 (대표 전화)
	(02) 929-3655 (영업팀)
팩스	(02) 923-3016
인쇄소	(주)진흥문화
판권소유	ⓒ(주)죠이북스
ISBN	979-11-93507-61-2 03230

책값은 뒤표지에 있습니다.
잘못된 도서는 교환하여 드립니다.
이 책 내용을 허락 없이 옮겨 사용할 수 없습니다.